D1726960

Mario Mantese
Der Taoist

Mario Mantese

Der
Taoist

Das geheime Leben

Edition Spuren

*Die Kalligraphie für den Buchumschlag wurde von
Zen-Meister Shodo Harada Roshi im
Kloster Sogenji in Japan gestaltet.
Bedeutung der Kalligraphie: Nicht-Beginn*

© der Erstausgabe 2014 by
Edition Spuren
Bahnhofplatz 14, CH-8400 Winterthur
edition@spuren.ch   www.spuren.ch

Lektorat: Urte Knefeli-Zemp
Umschlaggestaltung: Marion Musenbichler
Illustrationen auf der Rückseite:
Fotolia.com Balint Radu/ryanking999
Autorenbild: Günther Ciupka

Printed in Czech Republic
Druck und Bindung: Finidr
ISBN 978-3-905752-40-3

Inhalt

Himmlische Botschaft

Wer das Licht hinter den gedruckten Buchstaben dieses Buches ent-deckt, fügt sich nahtlos ins unerklärbare, ursprüngliche Tao ein.

Dieses Weisheitsbuch ist für dich bestimmt. Nimm, was für dich möglich ist, tief in dich auf, es wird dich verwandeln!

Wenn du dieses Buch bloß den Buchstaben nach liest und dich nur nach äußerem Wissen dürstet, dann weichst du ab und kannst den Glanz dieses Werkes nicht in dich aufnehmen.

Erkenne: Das, was vor allem Sein existiert – bist du!

Schau aus der Ewigkeit

Frei von Zwang und Streben zeigt sich der Weg ins Unergründliche dem, der sich biegsam und frei von Wollen ins Ursprüngliche einfügt.

Doch eigenwillig sucht der Mensch stets seine Lebenserfüllung und folgt seinen Auffassungen und Vorstellungen, um dieses Ziel zu verwirklichen. Es sind diese eigenwillig schaffenden Mächte des Willens, die das Geheimnis des Nicht-Tuns und Nicht-Seins untergraben und zuschütten, sie biegen die himmlischen Herzenskräfte um.

Willensmächte rauben dem Menschen Gelassenheit und Unbekümmertheit. Ihr unbändiges Drängen schafft zahllose illusorische Schattenwelten, in denen der Mensch sein eigener Gefangener ist. So schließt sich die Pforte, die ins himmlische Ewige führt, der Mensch bleibt im Außen stecken und vergisst sein wahres, vorweltliches Sein.

Wirklichkeit ist nicht das, was durch den Körper und die Sinne erfahren wird, dies gilt es zu erkennen, und auch der Begriff Wirklichkeit ist mit Sicherheit nicht die Wirklichkeit an sich.

Das ewige Sein lässt sich nicht in Worte oder Begriffe verpacken. So ist auch das Wort Gott vor allem ein Hinweis auf etwas Tieferes, Unerklärbares und Unfassbares, das vor dem Wort ist. Es ist ein Hinweis auf eine himmlische Kraft, die Grundlage und Essenz allen Seins ist.

Worte sind Wegweiser, die uns helfen, die Funktionalität der Vorderseite des Bewusstseins, in dem die Innen- und die Außenwelt erscheinen und vergehen, tiefer zu verstehen. Die physische Gestalt selber ist Teil dieser nach außen und nach innen gekehrten Illusion.

An allem Wahrgenommenen und Erlebbarem haftet Selbstsucht, was den Menschen immer wieder zu Fall bringt. Deshalb sollte man sich nicht durch das, was durch die Sinne wahrgenommen und erlebt werden kann, verführen und in die Irre leiten lassen. Vor der Brauchbarkeit der äußeren Welt existiert etwas Tieferes, etwas, das sich gänzlich dem Denken und Fühlen des Menschen entzieht.

Wer erwacht, lebt unabhängig von den Erscheinungen der inneren und äußeren Welt, lebt in der grenzenlosen Freiheit des Nicht-Seins. In dieser unergründbaren Leere des Nicht-Seins wird die Innen- und die Außenseite der Welt überschritten und transzendiert.

Das Unbekannte und Unerklärbare zu benennen oder mit einem Namen auszustatten, ist unangebracht und verwirrend, denn das namen- und formlose Nicht-Sein und Nicht-Wirken deutet auf unseren wahren, himmlischen Ursprung hin, den Urgrund der Unvergänglichkeit.

Bevor etwas entstand, waren wir ohne Namen, ohne Form, ohne Wollen und Wirken, doch nie waren wir nichts.

Sternenlicht strahlt nur in der Nacht, am Tag bleibt es dem Auge verborgen. Im Wandern durch die Nacht entdeckt der Wanderer unerwartet Morgenröte und weiß, jetzt bricht der Tag an. Die Harmonie, die im verborgenen Sein ruht, dringt wie durch ein offenes Fenster in den Wanderer ein. Er empfindet die Ruhe, Klarheit und die Reinheit, die dem himmlischen Sein zugrunde liegt.

Er ist der Einheit allen Seins gewahr und erlebt nichts außer sich selbst. Formlos ist er sämtlicher Formen gewahr, seines unwandelbaren himmlischen Hierseins. Frei vom Kommen und Gehen lebt er im Ursprünglichen, eingebettet in die große Stille. Sein Hiersein ist offen wie der weite Himmel.

Bestimmung bestimmt man nicht. Warum also sollte man sich darum kümmern? Das Bachbett nimmt Wasser auf und ermöglicht ihm zu fließen. Wie viel Wasser in ihm fließen wird, bestimmt das Bachbett nicht. Warum sollte es sich darum kümmern?

Das Leben lebt sich selbst. Wozu sich Sorgen machen, warum drängen, warum wollen, warum eifern? Wer sich kümmert, zweigt ab und verliert die Richtung.

Seit das Bewusstsein auf der Erde geboren wurde, gibt es Leben und Lebewesen, und die waren nie etwas anderes als Ausdruck dieses Bewusstseins. Die gesamte Evolution ist nichts als ein Ablauf, eine Funktionalität im Weltbewusstsein.

Einzelwesen vergessen und sind sich nicht bewusst, dass sie in Wirklichkeit unpersonifiziertes, funktionelles Bewusstsein sind. Einzelwesen existieren bloß als eine nach außen gekehrte Vor-Stellung im Bewusstsein. Was aber waren wir, bevor Bewusstsein geboren wurde?

Die Unergründlichen

Es begab sich zu jener Zeit, als in China, im Land der Mitte, politische Unruhen und Hungersnöte herrschten. Vieles war im Umbruch, doch eine Neuordnung zeichnete sich noch nicht ab. Stürme und große Erschütterungen durch die Jahrhunderte bewirkten in dieser alten Kultur immer wieder Zerfallserscheinungen. Dynastien kamen und gingen und machten neuen Platz.

Immer wieder entstanden neue Lebensordnungen, die jedoch durch die vielen kriegerischen Auseinandersetzungen dem Volk, den Untertanen, vor allem Leid und Knechtschaft brachten. Die alten Herrscher waren an Machtausdehnung und Unterdrückung interessiert, um das Wohlergehen des Volkes kümmerten sie sich kaum.

Es gab nie ein einheitliches Volksbewusstsein in diesem riesigen Vielvölkerland, was auch zur Folge hatte, dass es in ihm immer sehr unterschiedliche geistige Strömungen gab. Trotz der vielen schwierigen Wandlungen durch die Jahrhunderte, die hohen kulturellen

Errungenschaften dieses Volkes sind außerordentlich, und außerordentlich sind auch die vielen Weisen, die durch alle Zeiten in diesem riesigen Land gelebt haben. Ihr Leuchten verblasste nie.

Viele dieser Weisen lebten zurückgezogen und weltabgewandt in Bergen und Wäldern, andere inmitten der Gesellschaft. Sie verrichteten weltliche Aufgaben, doch nie verließen sie die hohe Lebensordnung. Sie waren im Tao gefestigt und kehrten sich innerlich nicht mehr nach außen, stets waren sie ihres Ursprungs gewahr.

Diese hohen Meister lebten in der himmlischen Kraft des Tao, und ihre Anwesenheit bewirkte in allen Lebewesen, die noch in unbewussten Kräften gefangen waren, grenzenloses Erwachen. Sie waren in eine geheimnisvolle Stille eingehüllt, die alle menschlichen Werte und Lebensvorstellungen absorbierte und im Unergründlichen auflöste. Ihr Sein war das Tao, formlos, unerklärbar, ungeboren. Sie rissen die Einheit nicht auseinander und lebten in Gleichmut und Einklang mit der Natur.

Dieses Buch erzählt die Geschichte von Meister Wang und seiner Schülerin Fräulein Li.

Meister Wang war einer dieser hohen taoistischen Meister, die aller menschlichen Grenzen und Begrenzungen enthoben und aus den Fluten der Zeit emporgestiegen waren. Er war einer dieser alten Weisen, die zurückgezogen in der Stille eines Waldes lebten. Als Kenner der inneren Geheimnisse und der äußeren Ordnung lebte er in Harmonie und im Gleichgewicht mit allen Lebewesen; doch sein Hiersein gründete in vorweltlicher Kraft, er ruhte dort, wo nie etwas vorgefallen war.

Schüler wollte er eigentlich nie, doch dann, an einem Schnittpunkt seines Lebens, tauchte unerwartet Fräulein Li auf. Sie war in einem Übermaß reif, sodass er sie nicht zurückweisen konnte. Respektvoll, bescheiden und mit einem weiten Auffassungsvermögen gesegnet, begegnete sie ihm, ohne zu wissen, wer er war.

Sie hatte nie die Absicht gehabt, bei diesem Fremden im Wald zu bleiben, und er hatte nicht damit gerechnet, dass sie bleiben würde, doch himmlische Kräfte hatten gerade dies bewirkt.

Meister Wang

Der Meister lebte außerhalb eines kleinen Bergdorfs in einer östlichen Provinz des Riesenreiches. Er war ein älterer, würdevoller, gebildeter und kultivierter Mann, der ein gepflegtes Mandarin sprach.

Die kleine bescheidene Hütte, in der er wohnte, war eine Einsiedelei. Sie stand zuhinterst in einem Tal auf einer Anhöhe in einem alten Kiefernwald.

Bis in das nächstgelegene Dorf war es ein mehrstündiger Fußmarsch, doch dort sah man ihn selten. Ab und zu beim Einkaufen von Lebensmitteln und bei Bauern, denen er beim Lesen und Schreiben von Briefen half. Als Gegenleistung erhielt er Reis, Gemüse, Tee und andere Dinge.

Etwa hundertsechzig Einwohner lebten in diesem kleinen Dorf, so genau wusste das niemand, und es schien auch niemanden wirklich zu interessieren. Die Bauern waren arm und verfügten über wenig Geld, deshalb tauschten sie ihre Waren und halfen sich gegenseitig aus.

Gegenseitige Rücksichtnahme war das Allerwichtigste in ihren Beziehungen, sie bildete die Grundlage ihres sozialen Zusammenhalts. Dies galt innerhalb der Familien wie auch im Gebilde der Gemeinschaft, denn das Verhalten jedes Einzelnen war mitbestimmend für das fragile Gleichgewicht der gesamten Gemeinschaft. Dessen waren sie sich aufgrund der Erfahrungen früherer Generationen bewusst, und das gehörte zu ihrem Grundverständnis.

Meister Wang war im Dorf hoch angesehen. Er hatte den Dorfältesten bei einer Besprechung erklärt, dass nur die Kraft der Klarheit das Leben zum Erblühen bringe und dass eine wohl durchdrungene Ordnung in Einklang mit Himmel und Erde sei.

Von seiner Einsiedelei sah er zwischen den Bäumen hindurch ins Tal hinunter. Leuchtende Reisfelder wogten sanft im Wind, um sie herum breitete sich eine saftige Graslandschaft aus. Alte, kräftige Bäume wuchsen in dieser stillen und fruchtbaren Gegend, majestätisch reckten sie ihre Äste dem Himmel entgegen. Im Unterholz zwischen blühenden Büschen lagen große Steine, die mit feuchtem hellgrünem Moos überwachsen waren. Seit Jahrhunderten verharrten sie stumm und reglos an ihrem Ort.

Jeden Morgen saß der Meister vor der Einsiedelei auf einem verwitterten Holzstuhl und trank seinen Tee. In sich ruhend beobachtete er die Gegend, die Schwalben, die unter dem Dach gekonnt ihre Nester bauten, und eine Amsel, die in einem nahen Busch ihre Jungen fütterte. Er genoss die Natur, mit der er sich verbunden fühlte.

Meister Wang lebte im Verborgenen, doch zu verbergen hatte er nichts. Das Verborgene entsprach auf natürliche Weise seinem So-Sein in der Welt. Er war nie Hausherr, sondern immer Gast in dieser Welt gewesen, und in diesem Gast-Sein fand er Ruhe und seine Bestimmung. Er genoss das Reglose, in dem er ruhte, und er genoss die Lebendigkeit in der Bewegung.

Sein Leben war frei von Eifer, Hast, Drang und Gegensätzen; er lebte bewusst im Weltbewusstsein und bewusst *vor* dem Weltbewusstsein. Sein Dasein gründete in Tiefen, in denen weder ein Innen noch ein Außen existierten, er lebte in der Stille des Tao.

Sein Atem war tief wie der Ozean, er sog Lebenskraft ein und nährte seinen Leib durch Bewegung, doch die Grenzen der atmenden Gestalt hatte er längst transzendiert, in ihm war es still. Seine reine und kraftvolle Anwesenheit war stets in Resonanz und Übereinstimmung mit der ursprünglichen himmlischen Kraft. Weder das Leben noch der Tod wagten es, sich ihm zu nähern, denn seine Wanderschaft über die Zeit hinaus hatte er längst beendet.

Das Unergründliche hatte für ihn aufgehört, unergründlich zu sein, das Geheimnisvolle war entmystifiziert. Er hing nicht mehr am Leben, und das Leben hing nicht an ihm. Er war Tao.

Fräulein Li

Eines Tages kam eine junge Frau zur Einsiedelei. Respektvoll näherte sie sich Meister Wang und entschuldigte sich höflich für die Störung. Natürlich hatte sie keine Ahnung, wen sie hier vor sich hatte.

Mit leiser Stimme stellte sie sich als Fräulein Li vor und erzählte, dass sie sich auf ihrer Wanderschaft im Bergwald verirrt habe und wie erleichtert sie sei, hier im Wald jemandem zu begegnen, der ihr vielleicht den Weg in ein nahes Dorf weisen könne. Sie erzählte ihm, dass sie die Stadt mit ihrer Hektik und dem turbulenten Treiben für einige Wochen hinter sich gelassen habe, um sich neu zu orientieren. Ihr Leben sei im Umbruch, ihre Seelenlandschaft aus dem Gleichgewicht geraten.

Sie erschrak über sich selbst, denn sie konnte sich nicht erklären, warum sie diesem fremden Mann, den sie erst einige Momente kannte, dies alles erzählte. Doch es war ihr nicht möglich aufzuhören. Sie erzählte Dinge aus ihrem Leben, die sie noch nie jemandem erzählt hatte. Was hier geschah, war ihr unendlich peinlich, und als der Redefluss endlich zu Ende war, hätte sie sich vor lauter Scham am liebsten in den Wald verkrochen. Was dieser Mann, der ruhig dasaß und ihr zuhörte, nun wohl von ihr dachte?

Meister Wang hatte gleich gesehen, dass sie aus gutem Hause stammte. Umso erstaunter war er, dass eine junge Frau wie sie alleine in dieser unwegsamen Gegend unterwegs war. Sie wusste wohl nicht, dass in diesem Gebiet immer wieder Menschen überfallen und ausgeraubt wurden. Armut und Hunger trieben manche Halunken zu solchen Taten.

Er sah und spürte ihre Verunsicherung und wie sie sich bemühte, diese zu verbergen. Er sagte begütigend zu ihr: »Warten Sie einen Moment, junges Fräulein«, ging in die Hütte und kam mit einem zweiten Stuhl heraus. »Setzen Sie sich, Sie sehen müde aus. Ich gehe ins Haus und koche Tee, der wird Ihnen guttun.« Bald zog ein feiner blumiger Jasminduft in ihre Nase. Der Meister trat aus dem Haus und stellte behutsam einen hellblauen Porzellankrug mit zwei dazu passenden Teetassen auf einen wackeligen Holztisch, den er aus einem Schopf neben der Einsiedelei geholt hatte.

Das kostbare, handbemalte Geschirr war von einem weichen, milchigen Blau. Es war dieses Blau, das man an gewissen Tagen am Morgenhimmel durch einen weißen Dunstschleier sehen konnte. Still saßen sie da und tranken den heißen Tee, Worte tauchten keine auf. Frühsommerluft schmiegte sich sanft an ihre Wangen und rauschte durch die Baumwipfel. Unter alten Bäumen sprossen zitronengelbe Waldblumen und feingliedrige Farne; die Natur war in Einklang mit der himmlischen Macht, die sie durchdrang.

Da war eine Stille, die Stunden und Minuten auflöste und die einer unfassbaren Fülle Platz machte. Die ganze Gegend war in diese Stille gehüllt, von dieser Fülle durchdrungen.

Der Meister hatte die seelische Verfassung der jungen Frau tief erfasst und eine unverdorbene Offenheit und ein großes spirituelles Potenzial in ihr entdeckt. Sie war wie eine reife Frucht, die darauf wartete, gepflückt zu werden. Deshalb begann er zu sprechen. Dabei wollte er sehen, wie tief seine Worte in sie einsickern konnten. Er sagte: »Wenn sich der Geist nicht mehr in Weltliches einmischt, ruht er in sich selbst, dann ist er wie Öl auf dem Wasser. Öl vermischt sich nicht mit Wasser, und was sich nicht vermischt, braucht man nicht zu trennen. Was in Klarheit existiert, wandert nicht in die äußere Welt, es durchdringt nicht deren Schichten. Wer nicht wandert, verlässt sein Zuhause nicht.«

Mit einem Mal wurde Fräulein Li bewusst, dass sie hier einem alten taoistischen Meister gegenübersaß, und sie spürte, dass es wohl kaum ein Zufall gewesen sein konnte, dass sie sich gerade jetzt in diesem Wald verirrt und hierhergefunden hatte.

Erstaunt lauschte sie seinen Worten und fragte ihn: »Sie sagen ›Wer nicht wandert, verlässt sein Zuhause nicht‹. Gehen Sie denn nie in ein Dorf oder in eine Stadt?«

»Doch«, erwiderte er, »aber ich bin und bleibe immer hier. Das, was Gegensätze bildet und als Körper im Außen erscheint, ist unterwegs, nicht mein Sein. Der Standpunkt bestimmt das Sehen und die Richtung.

Was sich bewegt, verlässt die Ordnung und verliert sich; was in der Ordnung bleibt, kann nicht verloren gehen.«

Unerwartet sprudelte es wieder aus ihr heraus, es war ein Ausbruch, der sie selbst überraschte: »Verehrter Meister, erlauben Sie mir bitte, ein paar Tage in Ihrer Nähe zu bleiben; eine himmlische Kraft hat mich doch zu Ihnen geführt. Helfen Sie mir, mein Ich zu begraben. Ich habe es versucht und bin immer wieder gescheitert. Das hervortretende

Gedankenspiel hat mich immer und immer wieder in die Irre geleitet und an das Licht und die Schatten dieser Welt gefesselt.

Ich spüre es, in Ihrer Anwesenheit kühlt das alte Ich-Fieber ab, die Grenzen der menschlichen Erfahrungen brechen auf. Lassen Sie mich nicht im alten Weltenozean zurück, öffnen Sie in mir das Tor, das alle Verlängerung und Fortdauer beendet.«

Lange saß der Meister, wortlos in sich ruhend, da. Die Stille, die ihn umgab, leuchtete über das ganze Land.

Dann erklärte er leise: »Die Quellen der Welt haben ihre eigene Kraft, die meisten Menschen trinken aus ihnen und vergiften sich, ohne sich dessen bewusst zu sein. Tausende Geburten und Weltenalter durchwandern sie, bis ihr Bewusstsein im Grenzenlosen erwacht und sie aus dem reinen Wasser jener Quelle trinken, die nie versiegt. Vor allen Erscheinungen gibt es einen himmlischen Atem, der nicht in die Wechsel von Zunahme und Abnahme eingeht und doch ausgleichend wirkt. Weltabgewandte ruhen in seiner Nähe.

Junges Fräulein, holen Sie Brennholz im Wald, das Feuer in der Einsiedelei braucht Nahrung.«

Auf ihre Frage war er nicht eingegangen,

und sie war sich nicht sicher, ob er ihre Bitte überhaupt gehört hatte. Ohne zu zögern, stand sie auf und machte sich etwas verwirrt auf den Weg ins Unterholz. Er hatte sie weder angenommen noch zurückgewiesen, doch seine Wortkargheit war eine unermessliche Kraft von Entschlossenheit und Klarheit. Er vermied jegliche Verschwendung von Wortenergie, er war ein ruhender Pol jenseits der Gegensätze. Sein Verhalten war unkonventionell und nicht greifbar.

Er war einfach, edel und nachgiebig, gleichzeitig kompromisslos und streng, dies hatte sie gleich erkannt. Doch sie war bereit, seine Entscheidungen ohne Widerrede zu akzeptieren, ihr Vertrauen in diesen Meister war grenzenlos und frei von Zweifeln. Sie war sich tief bewusst, dass es eine einmalige Chance war, einem solchen Meister zu begegnen, und hoffte innig, er werde sie als Schülerin annehmen.

Sie wollte nicht mehr von den äußeren Erscheinungen mitgerissen werden und endlich die Straße von Leben und Tod verlassen. Darin sah sie ihre Bestimmung und den Sinn ihrer derzeitigen Wanderschaft. Jahre schon hatte sie nach Erkenntnis und dem Sinn ihres Daseins gesucht. Doch sie hatte das Problem ihres Suchens durchschaut, nämlich, dass Erkenntnis immer von etwas abhängig war, das außerhalb von ihr lag. Ihre Suche nach Antworten im Außen hatte ihr immer wieder Räume geöffnet, in denen sich Missverständnisse und Verwirrung ausbreiteten.

Sie war der festen Überzeugung, dass dieser Meister ihr die Augen zur inneren Schau öffnen könnte und er ihr die geheime Ausgangspforte ins Ursprüngliche zeigen würde.

Das himmlische Bewusstsein

Die majestätischen Bäume standen hoch und dicht im weiten, bergigen Land hinter der Einsiedelei. Geschmeidig und fast lautlos stieg Fräulein Li den steilen Hang empor. Sie hoffte, die stille Waldatmosphäre nicht zu stören. Der Meister hatte ihr gesagt, dass sie dort oben Holz sammeln solle. Der Wald war in grenzenlosen Frieden gehüllt, die kraftvolle Schönheit der Bäume vermittelte etwas Ursprüngliches und Unberührtes. Die Luft war durchdrungen von den unterschiedlichsten Düften. Es roch nach moderigem Holz, nach Pilzen, Gräsern und den rosaroten Blüten der dornigen Büsche, die hier wuchsen. Fröhlich zwitscherten unterschiedlichste Vögel in den Bäumen, man konnte sie zwar hören, aber oben in den Baumkronen nicht sehen. Der Wald und seine Bewohner lebten in einer eigenen Welt, fernab vom Lärm der Menschen in Dörfern und Städten.

Fräulein Li schien es, dass ihr Leben wie in einem vorgeschriebenen Drehbuch, in dem sie eine unbekannte, nicht einstudierte

Rolle spielte, ablief. Eine höhere Macht leitete und bewachte ihr Leben, das spürte sie tief. Sie fühlte sich verbunden, wusste aber nicht womit. Sie fühlte ihre geistige Herkunft, konnte diese jedoch weder wissens- noch verstandesmäßig erfassen. Dies beunruhigte sie nicht im Geringsten, denn ihr war bewusst, dass das Tao für den menschlichen Verstand unfassbar und unerreichbar war. Eine immaterielle Kraft drängte sie, ohne sie zu bedrängen, eine unerklärbare Macht, die kein Einzelding kennt, geleitete sie auf ihren Wegen.

Es war diese heilige Macht, die Form und Dasein ordnet, regelt und bewahrt, diese unermessliche Kraft, die alles durchdringt und sich auf ihrer Außenseite als sichtbare und erlebbare Welt darstellt. Diese Macht drängte sie nicht nach vorne, sondern zurück in die vorweltliche Leere, die Fülle zugleich ist.

Lautlos ließen die Bäume ihre Nadeln fallen, ein süßlich harziger Duft hing in der Luft. Ein kleiner erdfarbener Frosch beäugte sie interessiert; dieses kleine Lebewesen schien gänzlich frei von Angst und Scheu zu sein und hüpfte quakend auf die junge Frau zu.

Sie sammelte so viel Holz, wie sie glaubte tragen zu können, und band es geschickt mit der Schnur, die ihr der Meister mitgegeben hatte, zusammen. Sie erschrak, als ihr bewusst wurde, wie die Zeit unbemerkt verflossen war. Sanft tauchte das Abendlicht die Landschaft in eine feierliche Stimmung, die länger werdenden Schatten waren stille Vorboten der Nacht. Lautlos zerbrach die Dunkelheit harmonisch den Tag und machte der Dämmerung Platz.

Auf dem Rückweg setzte sie sich eine Weile auf einer mit Gras bewachsenen Lichtung auf einen verdorrten Baumstrunk. Ein aufgescheuchtes Reh rannte panisch in den Wald und verschwand im Schatten der Bäume. In dieser Stille, nah bei der Einsiedelei, löste eine unergründliche Klarheitskraft alte Denkschatten in ihr auf. Viele Jahre hatte sie versucht, durch Gedankenkontrolle ihr Leben zu strukturieren und zu harmonisieren, nun sah sie den Irrtum dieser mentalen Bestrebungen.

Diese souveräne, wollende, alles kontrollierende Kraft hatte sie nur an Äußeres, an Weltliches und Vergängliches gebunden. Nun, in der Obhut des Meisters, fand sie den Mut, sich über diese kontrollierende Kraft zu erheben und das subtile Nützlichkeitsprinzip, das dieser Kraft zugrunde lag, loszulassen. Wie Schuppen fiel es ihr von den Augen. Ohne sich dessen bewusst gewesen zu sein, hatte sie sich durch diese Kraft aus der himmlischen Einheit verabschiedet. Doch jetzt erwachte etwas Frisches in ihr, eine Kraft, die sich nicht mehr mit den Fangstricken der vergänglichen Welt vermischte.

In diesen hellen Momenten wurde ihr klar, wie sich ihre ausgedehnte illusorische Gedankenwelt in der kraftvollen Anwesenheit von Meister Wang aufzulösen begann. Eine tiefe Dankbarkeit überkam sie.

Das Alleinsein in der Natur tat ihr gut, sie genoss die Geborgenheit und die Stille des Waldes und dachte an den Meister. Sie hatte das Gefühl, ihn schon ewig zu kennen. In seiner Gegenwart schien sich der Raum endlos auszudehnen und sich irgendwo in nichts aufzulösen. Er war weder hier noch dort, ihn zu erklären oder über ihn nachzudenken schien fast unmöglich, alle Gedanken fischten in einem leeren Raum und mündeten in zeitloser Ewigkeit. Die Wandlungen des Lebens schienen ihn nicht zu berühren. Eingehüllt in eine geheimnisvolle Stille, lebte er in Übereinstimmung mit den himmlischen Kräften.

Leichten Schrittes kehrte sie zur Einsiedelei zurück, nur das leise Knacken der dürren Äste, die unter ihren Füßen brachen, war hörbar.

Sie fühlte sich eins mit der Umgebung und den Lebewesen. Ihre Seele, die sich noch innerhalb der Grenzen ihres Körpers aufhielt, begann sachte zurückzufließen ins Unbegrenzte.

Der innere Raum, in dem sich ihr äußerer Körper aufhielt, begann sich behutsam wie ein Schatten in der Sonne im Tao aufzulösen. Die Quellen der alten Welt waren am Versiegen. Eine himmlische, leuchtende Kraft durchdrang sie und bewirkte ein tiefes Erwachen ihrer Seele.

Bald war sie zurück auf der großen Waldlichtung, wo sich die Einsiedelei befand. Der Meister war dabei, im sanften Abendlicht sorgfältig einen jungen Baum in die Erde zu pflanzen. Er liebte den Wald und die Bäume, diese alten Baumgeschöpfe, wie er sie respektvoll nannte. Für ihn war die Erde ein Altar, da die ganze Natur von Leben und bewusster Lebendigkeit erfüllt war.

In diesen heiligen Altar pflanzte er den kleinen Baum, in die warme, lebenspendende Erde. Seine Handlungen waren bewusst und respektvoll, sie verschmolzen mit der Einheit, in der alles Sein existiert.

Fräulein Li legte das Holz vor der Einsiedelei auf den Boden und fragte, ob sie behilflich sein könne, er lehnte dankend ab. Still stand sie als Zuschauerin neben ihm und genoss die Ruhe und das himmlische Strömen, das aus seinem Leib flutete, ein Fluten, dessen Ursprung im Tao gründete. Nachdem der Baum an seinem neuen Ort stand, packte er das Bündel Holz und bat die junge Frau, ihm in das Haus zu folgen.

Karg war es eingerichtet, nur mit dem Nötigsten ausgestattet. Ein Tisch, zwei Stühle, ein Bett, ein alter gusseiserner Ofen mit einer Kochplatte und an den Wänden Regale für das Geschirr und andere Gegenstände. In einer Ecke hinter dem Bett standen eine alte Truhe und mehrere Petroleumlampen.

Seine natürliche Genügsamkeit und Bescheidenheit waren nicht ein Zeichen von Armut, nein, er lebte wahrlich aus der Fülle der inneren Leere.

Er stieß eine Holztür auf und sie betraten einen niederen, engen Nebenraum. Hacken, Hämmer, Zangen und andere Werkzeuge standen oder lagen geordnet da. An der hinteren Wand war ein schmales Bett, das wohl noch nie jemand benutzt hatte, daneben aufgestapelt einige Säcke mit Reis.

»Sie können eine Weile hierbleiben, aber dann müssen Sie zurück in die Stadt«, erklärte Meister Wang mit fester Stimme. »Wie Sie sehen, bin ich nicht für Gäste eingerichtet, ich lebe alleine hier«, fuhr er fort.

Er hatte ihre Neigung, sich aus der Welt zurückzuziehen, gleich erkannt, doch sie musste noch heranreifen und weltliche Erfahrungen durchwandern. Dann sagte er mit sanfter Stimme: »Erkennen Sie, Dinge geschehen, ohne zu drängen und ohne Eile, sie geschehen einfach, und was so geschieht, geschieht in Einklang mit dem einen Dasein. Der Fisch weiß nichts vom Wasser, der Vogel nichts von der Luft, der Mensch nichts von seinem wahren Ursprung, und doch ist alles immer hier und jetzt. ES ist so, wie es ist. Wichtig ist, den Schoß aller Dinge zu kennen und der Leere hinter der Leere gewahr zu sein. Alles, was herausströmt und sich mit Dingen vermischt, ist haftend und bindend, und alles Haftende und Bindende hindert das Heranreifen der Knospe zur Blüte.«

Er verabschiedete sich und schloss die knarrende Tür hinter sich. Fräulein Li saß auf dem Bett und konnte ihr Glück kaum fassen. Sie war gar nicht dazu gekommen, sich für diese außerordentliche Einladung zu bedanken. Ihr war klar, dass ihre Zeit mit dem Meister kurz sein würde, und dieser Gedanke löste sonderbare Gefühle in ihr aus, doch sie vermied einen Abstieg ihrer Gedanken in die Gefilde der Hoffnungen, Erwartungen und Spekulationen. Sie blieb ruhig und kehrte sich nicht nach außen. Sie gab dem alten Gedankenspiel keine Möglichkeit mehr, aktiv zu werden, und vermied inneren Aufruhr, der die Unordnung in der Ordnung erschuf. Sie ruhte im Nicht-Tun. Dieses So-Sein spiegelte ihr Heranreifen, ihre Geisteskraft ruhte in der großen Stille.

Durch die Worte des Meisters war ihr bewusst geworden, dass nur das, was sich vollendet ohne zu tun, die Knospe zum Blühen bringt. Nicht-Tun war die geheime Zugangskraft ins Tao, der weltliche Tatendrang und Wissenswahn verschloss diese Zugangskraft.

Sich einzufügen in das Tao, das alle Lebewesen und Himmelsbahnen bewegt, diese Verwirklichung war in der Anwesenheit von Meister Wang möglich. Er lebte im natürlichen Gleichgewicht des Tao, und diese himmlische Kraft arbeitet aus sich selbst; die Welt und alle Lebewesen sind Spiegelbilder dieses Wirkens.

Selbst wenn Himmel und Erde einstürzten, würden taoistische Meister dabei weder Verlust noch Gewinn erleben. Wie könnten sie auch – sie, die im Vorweltlichen gefestigt sind und weder Anfang noch Ende kennen.

Wushu

Fräulein Li legte sich auf das unbequeme, harte Holzbett und hoffte, bald einzuschlafen zu können. Der Tag kam ihr endlos lang vor, jegliches Zeitgefühl war gelöscht. So viel hatte sich an diesem einen Tag ereignet, sie spürte, dass ihre Lebensweichen neu gestellt wurden.

Am Morgen war sie hierhergekommen, nachdem sie sich im Wald verirrt hatte, und jetzt lag sie in dieser Abstellkammer auf einem unbequemen Bett und war völlig unerwartet diesem ungewöhnlichen Meister begegnet.

Durch ein kleines Fenster drang bleiches Mondlicht ins Innere des Raums und tauchte ihn in eine kühle mystische Atmosphäre. Ein Nachtvogel schrie schrill und klagend in die stille Nacht hinaus, als wolle er den Bewohnern des Waldes seine Einsamkeit in der Dunkelheit kundtun.

Tiefe Stille lag über der Gegend, die Ewigkeit schien die Zeit zu berühren und alle Grenzen aufzulösen. In dieser tiefen Stille schien die flüchtige und unruhige Welt in einer Sackgasse der Zeit gefangen zu sein. Die unzähligen Gedanken, die sich im Außen an das Zeitliche hefteten und ihre eigenen, engen Horizonte erschufen, nie vermochten sie in diese uferlose Stille einzudringen.

Der Mond leuchtet, weil er von der Sonne beschienen wird. Der Mensch vergisst dies, wenn er am dunklen Nachthimmel den hellen Mond leuchten sieht. Die sichtbare und erlebbare Welt existiert, weil sie von einer ursprünglichen, nicht objektivierbaren Kraftquelle durchdrungen und genährt wird. Der Mensch ist dessen nicht gewahr, weil er seinen Blick nach außen auf die Landschaften von Leben und Tod richtet und dort sein wahres Dasein vermutet.

Er schaut weg von dem, was er wirklich ist, und erlebt im Außen Dinge, die in seinem innersten Sein nie wirklich stattgefunden haben. Die Außendinge wirken unberechenbar auf den Menschen ein und Erfahrungen destabilisieren ihn. Die ursprüngliche Ordnung umfasst alles Bestehende, doch das Wirken des Menschen führt nicht in die ewige Ordnung, sondern aus ihr heraus. Deshalb ruht der Erwachte im Nicht-Tun und Nicht-Sein.

Fräulein Li lag da und schaute in ihren inneren Lebensraum, in dem die Sterblichkeit und das unsichtbare Ufer des Todes wohnen. Sie schaute auf ihre alltäglichen Gedankenschöpfungen und deren Auswirkungen. Die Klänge dieser Gedanken verhallten alle an den inneren Grenzen des Gedankenraums, und nur sie konnte die harmonischen und disharmonischen Töne ihrer eigenen Innenwelt hören.

Sie erkannte, wie sich ihre Gedanken im Außen verknüpften und verknoteten, wie sie sich auf dem Spielplatz des Ichs zu unzähligen Geschehnissen verdichteten, entfalteten und ausbreiteten. Im wachen Schauen erahnte sie das Geheimnis der Weltüberwindung, das Geheimnis von Rückkehr und Einkehr.

Der Atem, der mit dem sterblichen Leib verbunden war, begann sich sachte in ein unfassbares Leuchten zu transformieren. Doch das dicht gedrängte äußere Leben ließ sie nicht so ohne Weiteres los, auch wenn sie sich dies erhoffte.

Sie war bereit, das Natürliche in vollem Vertrauen gewähren zu lassen, denn in der Ordnung ist alles in Ordnung, und ihr Heranreifen konnte sie willentlich weder beeinflussen noch beschleunigen. Sie war bereit und fürchtete sich nicht vor der Leere, in der man sich an nichts festhalten, in der man nichts besitzen konnte.

Das alte Ringen, die alten Antriebskräfte wurden schwächer, eine heilige Kraft drängte sie ohne ihr Wollen oder Nicht-Wollen sanft und unmerklich zur ursprünglichen Quelle zurück. Das Auge, das bisher nur Todgeweihtes sah, erblickte Immerwährendes.

Worte ihres Großvaters kamen ihr in den Sinn. Vor vielen Jahren hatte er ihr gesagt: »Kind, das Wesentliche kommt, wenn sich das Unwesentliche zurücknimmt.« Diese Worte hatte sie nie vergessen, obwohl sie deren Sinn damals noch nicht hatte verstehen können.

Irgendwann hatte sie der Schlaf abgeholt, sie schlief tief und frei von unruhigen, herumschweifenden Träumen. Ein paarmal erwachte sie kurz und wusste für Augenblicke nicht, wo sie war, schlief dann aber gleich wieder ein.

Das laute Vogelgezwitscher bei Tagesanbruch rief sie aus der Schlafwelt in die Wachwelt zurück. Ihr Bewusstsein war ohne ihr Dazutun von einem Zustand in einen anderen gewandert, eine unbekannte, übergeordnete Macht hatte diesen inneren Ebbe- und Fluteffekt im Weltbewusstsein in ihr vollzogen. Sie war erwacht und war sich nun ihres physischen Körpers und des Raums, in dem er sich aufhielt, bewusst.

Ausgeruht und voller Freude begab sie sich in den anderen Raum, schürte die Glut im Ofen und legte Holz nach. Bald züngelten gefräßige, hellgelb leuchtende Flammen, die sich vom brennenden Holz ernährten. Der Meister war nicht da, auf seinem Bett lag eine sorgfältig zusammengefaltete braune Decke.

Sie wusste nichts über ihn, er war unfassbar und unantastbar, und es war unmöglich, sein Alter zu schätzen, er schien alterslos. Sein wahres Sein war in einer geheimnisvollen Dunkelheit verborgen, in der nichts, was Form angenommen hatte oder geboren wurde, existierte.

Als sie vor die Tür trat, erblickte sie ihn. Er stand im sanften, dunstigen Morgenlicht etwas abseits von der Einsiedelei unter einem alten Baum, gekleidet in ein langes dunkelgraues Gewand, das fast den Boden berührte, und praktizierte Wushu, eine in China weit verbreitete Kampfkunst, die auch die physische und psychische Gesundheit des Menschen fördert.

Seine Bewegungen waren fokussiert, sehr dynamisch und fließend. Mal langsam und dann blitzschnell, sein Körper war beweglich wie der einer Katze.

Sie spürte sofort, dass er ihre Anwesenheit umfassend wahrnahm, obwohl er ihr den Rücken zugewandt hatte. Ihm entging nichts.

Leise setzte sie sich auf einen Stuhl und beobachtete ihn. Keinen Augenblick hatte er sich von ihrer Anwesenheit ablenken lassen, er bewegte sich harmonisch im geheimnisvollen Fluss der Chi-Kraft, und die von ihm ausströmende Kraft konnte sie physisch spüren.

Schon als Kind war sie sie von ihrem Vater in Tai-Chi-Chuan unterrichtet worden, was sicher auch ein Grund für ihre stabile Gesundheit war. Sie erinnerte sich, wie er ihr erzählt hatte von alten Meistern, die im Verborgenen leben. Er selbst habe in seinem Leben nie das Glück gehabt, einem solchen Meister zu begegnen, dies hatte er mehrfach erwähnt. Fräulein Li war stets davon überzeugt gewesen, dass diese Geschichten über die alten Meister nichts als phantasievolle Legenden seien, von denen es in China unzählige gab. Und nun saß sie da und schaute einem dieser alten weisen Meister beim Wushu zu. Sie konnte es eigentlich gar nicht fassen. Es schien ihr wie ein Traum, aus dem sie jeden Moment erwachen könnte.

Am Ende seiner Übungen atmete er tief aus und ging mit einer faszinierenden Leichtfüßigkeit zu der jungen Frau. Sein Gang erweckte den Eindruck, als würden seine Füße den Boden gar nicht berühren und nirgends Spuren hinterlassen.

»Guten Morgen, Fräulein Li«, begrüßte er sie, »ich hoffe, dass Sie sich gut erholt haben. Wissen Sie, für uns gibt es nur einen Kampf zu gewinnen und nur einen Gegner zu besiegen, und der wohnt in uns selbst. Kampflos erobert der Weise Himmel und Erde. Wer mit Gewalt etwas gewinnen will, wird verlieren, denn dieser Kampf findet im Außen statt und lässt sich nie gewinnen, da sowohl der Kämpfer als auch der Gegner bloß illusorisch sind. Ein Nichts kämpft gegen ein Nichts. Wenn der Geist den Körper im Bewusstsein betrachtet und sich an diesem festkrallt, dann wird der Fluss des Seins unterbrochen. Wenn der Geist sich mit der Form identifiziert, stellt sich unmittelbar eine falsche Anschauung des wahren Seins ein. Was wirkt, ohne zu wirken, ist nicht getrennt vom himmlischen Einen. Es flutet hervor und endet im Nichts, es nimmt Gestalt an und endet im Gestaltlosen. Was alles durchdrängt, ist unbekannt, doch es durchdrängt harmonisch, ohne zu drängen.

Der Durchdrungene tritt zurück und ist offen, und was offen ist, ist eins mit dem unergründlichen Durchdrängen. Wer durchdrungen ist, haftet nicht an seinen Werken und lebt frei im Nicht-Sein, frei von der Vorstellung, etwas oder jemand zu sein.«

Die Zeit stand still, die himmlische Kraft, die Zeit und Raum transzendiert und alles Vergangene, Gegenwärtige und Zukünftige ins Nichts aufsaugt, hatte Fräulein Li ergriffen. Die flüssigen Gedanken und Worte des Meisters verdichteten nichts, nichts kehrte sich nach außen, nichts nach innen. Das Erdenleben, das sich einzig auf Vergängliches beschränkt, entschwand in der Anwesenheit des Meisters. Er war heilige Leere, zeitlose Herrlichkeit, in seiner Präsenz tauchte die äußere Welt in ihren himmlischen Ursprung hinab.

Meister Wang hatte sich neben Fräulein Li gesetzt, nach einer Weile erhoben sich beide. Fräulein Li holte einen Besen und kehrte Blätter und kleine Äste auf dem Vorplatz der Einsiedelei zusammen, und der Meister bereitete das Frühstück zu.

Beim Gehen und Kehren schaute Fräulein Li ihren Schritten und Handlungen zu, sie war Zeugin ihrer selbst. Sie beobachtete das ungeduldige Eintreten von Gedanken im Bewusstsein und entdeckte, wie die Welt entstand durch das Eintreten der Sinnesaktivitäten. Dabei erkannte sie immer tiefer die Natur des Willens. Die Art, wie der Wille den Dingen nacheilte, die er gedachte sich anzueignen, und wie das Begehren ihr Herz verwirrt und zerrissen hatte.

Die Rohheit des Begehrens wurde in der Anwesenheit dieser einzigartigen, himmlischen Kraft, die der Meisters war, geschwächt. Nichts konnte sich mehr entfalten, sein durchdringendes Leuchten verunmöglichte es. Dieses Leuchten war leise und warm, eine Harmonie, die alles Disharmonische aufzuheben vermochte. Fräulein Li tauchte in dieses Leuchten ein und fand darin ihre Heimat. So sanft dieses Leuchten im Innen auch war, im Außen vermochte es Wirbelstürme auszulösen.

Sie erkannte nun, dass ihre täglichen Handlungen nichts anderes als sie selbst waren, doch mit welchen Gedanken sie diese füllte und wohin diese sie führen wollten, was sie alles auszuformen und zu beleben gedachten, dessen musste sie nun tiefer und umfassender gewahr sein.

Der Ausgangspunkt ihres Sehens begann sich allmählich zu verändern, und dadurch veränderte sich ihre Art zu leben, zu lieben und zu sein. Stille und heilige Kraft im Nicht-Tun ergriff sie, das große Vergessen nahm seinen Lauf. Sie schaute auf ihr Leben und sah darin ihr Nicht-Sein. So wie der Mond am Tag sein Licht vergisst, so vergaß sie allmählich ihr altes äußeres Leben.

Der Weg des Edlen

Am nächsten Morgen vor Sonnenaufgang praktizierte der Meister wie jeden Tag Wushu. Ein lauer Wind strich durch die stille Gegend, der Hauch einer unberechenbaren Kraft.

An diesem Morgen hatte sich Fräulein Li in gebührendem Abstand zum Meister einen Baum ausgesucht, unter dem sie ihr Tai-Chi praktizierte. Ihre Bewegungsabläufe und ihr Atem waren gleichmäßig und harmonisch, auch sie bewegte sich im Fluss des Chi.

Als beide ihre Übungen beendet hatten, saßen sie vor der Einsiedelei unter dem Vordach, tranken Tee und aßen eine Kleinigkeit. Der Meister meinte: »Die Art, wie Sie Tai-Chi praktizieren, ist gut. Sie hatten wohl einen guten Lehrer?«

Sie bejahte und erklärte ihm, dass ihr Vater, der vor mehreren Jahren verstorben sei, ihr Lehrer war, und dass ihre Mutter nach einer kurzen Krankheit im letzten Jahr verstorben sei. Ihre Eltern hätten ihr eine gute und wertvolle Lebensgrundlage geschenkt, dafür sei sie dankbar. Sie sei froh, dass sie noch einen Bruder und zwei Schwestern habe, fügte sie hinzu.

Darauf antwortete er: »Wer sich dem Ursprünglichen zuwendet, schüttelt den Staub von Leben und Tod von seinen Füßen und überschreitet dieses Leiden. Die Körpergestalt ist der Bedrängnis, der Vergänglichkeit und der Zerstörung ausgesetzt, deshalb sollte man sich in die formlose und ungeborene Ordnung einfügen und das nach außen gekehrte Grenz-land überschreiten.

Ich gehe heute in ein nahes Dorf, wo ich einiges zu erledigen habe, möchten Sie mich begleiten? Es sind ein paar Stunden zu Fuß, aber das sollte für Sie ja kein Problem sein«, bot er ihr mit einem verschmitzten Lächeln an.

Die Einladung überraschte sie und machte sie für einen Moment sprachlos, sie kam wie ein Blitz aus heiterem Himmel. Doch kaum hatte sie sich gefasst, sagte sie dankend zu. Allein die Aussicht, ihn begleiten zu dürfen, beglückte sie, denn längst hatte sie erkannt, dass sich dieser Meister jenseits der Grenzen der Welt bewegte. Sein losgelöstes Dasein war auf nichts fixiert, er wandelte im himmlischen Urgrund, ohne etwas oder jemand zu sein.

Eine Stunde später verließen sie die Einsiedelei und tauchten in den kühlen Wald ein. Der Morgen war angenehm frisch, Vogelgezwitscher begleitete sie, im Wald roch es nach Frühsommer. Die unterschiedlichsten Gerüche vermischten sich zu einer wohlriechenden erdigen Duftwolke, die sich im ganzen Wald ausbreitete. Die Kraft der Natur war in dieser unberührten Gegend spürbar. Die Urkraft, die in einer fließenden Gelassenheit den ständigen Wandel der Jahreszeiten hervorbrachte, übertrug sich auf alle Lebewesen, die in der Stille des Waldes lebten. Sie waren alle in jene übergeordnete mütterliche Geborgenheit eingebettet, in deren Schoß die Erde ruht.

Der Meister war kein Mensch vieler Worte, doch wenn er sprach, waren seine kraftvollen Worte stets bestimmend und wegweisend. Wenn er sprach, schienen Himmel und Erde seinen heilenden, ordnenden Worten zu lauschen; sie waren frische Kräfte, die das Innerste aller Lebewesen zu wandeln vermochten. Seine Worte wirkten entwirrend, klärend, erlösend, und sie weckten keinen nach außen gerichteten Wissensdrang.

Er bewirkte alles, ohne zu wirken, er lebte aus dem Einen, das alles umfängt und durchdringt, sein Dasein gründete in der Stille und mündete in natürlichem Schweigen.

Sie waren bereits einige Stunden unterwegs, als der Meister haltmachte und sich in einer kleinen Waldlichtung auf einen Stein setzte und Fräulein Li neben ihn. Dann wandte er sich zu ihr und erklärte ihr: Ohne zu drängen und ohne zu streben solle man das Leben weit öffnen und füllen, doch wer nach Gewinn, Belohnung und Anerkennung trachte und Dinge zu besitzen versuche, vergifte sich selbst und entferne sich aus der Fülle.

»Wer so abweicht und ins Äußere drängt, ist nicht in Einklang mit dem Einen, er reift nicht heran und wird dem Ursprünglichen nicht begegnen«, fuhr er fort. »Wer keine Gedanken aussendet, um im Außen zu wissen, ist weise, denn Weisheit gründet im Unerklärbaren, Unfassbaren, im Nicht-Wissen. Ausgesandte Gedanken sind durch das Wollen verfärbt und fallen wie Schatten auf den Körper und das Innenleben des Menschen zurück. Gedanken sind Abgesandte der Körperwelt, deshalb bleiben sie in den Grenzen der Körperwelt stecken.«

Fräulein Li bedankte sich höflich für diese starken Worte. Er hatte sie direkt angesprochen und ihre Schwächen und Widerstände kompromisslos aufgedeckt. Sie fühlte sich innerlich entblößt, doch das störte sie nicht, denn vor dem Meister hatte sie nichts zu verbergen, und verbergen wollte sie auch nichts.

Sie wusste, dass die Wellen von Ursachen und Wirkungen ihrer nach außen gekehrten Gedanken- und Gefühlswelt noch nicht zur Ruhe gekommen waren. Immer umfassender wurde sie gewahr, welche Kräfte in ihrem äußeren Leben aktiv waren, wie sie wirkten und was sie bewirkten, und die Art, wie sie ihren Gedanken freien Lauf gewährte.

Sie sah, wie sie von ihren eigenen Erinnerungen gefangen genommen war und wie alte Sehnsüchte ihr Herz in Beschlag genommen hatten. Ihr war nun klar, dass sie sich von diesen blinden Kräften zu verabschieden hatte. Das Aufwachen, das sich in der Gegenwart des Meisters einstellte, bewirkte genau dies. Das vom Willen gesteuerte Leben endete hier, die alten Gebete verstummten.

Der Waldboden war weich wie ein Teppich von den dürren Kiefernnadeln, mit denen er übersät war. Das Strömen der Naturkräfte war überall sichtbar und spürbar: Blüten brachen auf, winzige Grashalme und viele verschiedene Pflanzen drängten unaufhaltsam aus der Erde und schmückten den Wald. Wie aus einem traumlosen Schlaf war die Natur vor einigen Wochen

in der warmen Erde erwacht. Das Hervorsprie-
ßen, das Geheimnis, das in allen Knospen und
Samen ruht, erwachte zu neuem Leben.

Kleine gelbe Raupen fraßen gierig die frischen grünen Blätter der Laubbäume, ein vor-
beifliegender Vogel erwischte ein Insekt, alles
bewegte sich harmonisch im Fluss der Zeit.

Die Erde, dieser gigantische Körper, ver-
sorgte alle Lebewesen mit lebendiger Nah-
rung, mit dem Brennstoff allen Lebens, das
Leben lebte und überlebte sich selbst. Der
Größere und Stärkere fraß den Kleineren und
Schwächeren, so ist die Natur, in der sich
Leben und Tod ununterbrochen umarmen.

Ein Windstoß rauschte durch die Bäume und
bewegte die langen Haare der jungen Frau,
die die Farbe schwarzer Kirschen hatten. Sie
war voller jugendlicher Lebenskraft, ihr see-
lisches Innenleben frisch wie Morgentau. Sie
war überglücklich, Meister Wang gefunden
zu haben, er war ihr Himmelsweg ins Tao.

Die Samenkörner seiner Weisheit gründe-
ten im unfassbaren himmlischen Urgrund. Er
war frei von den konstruierten Ordnungsge-
setzen und Wandlungen dieser Welt, er lebte
durch sich selbst.

Still folgte sie ihm durch den Wald und

beobachtete, wie er sich geschmeidig durch die Stille bewegte, er war wie ein Lichtblitz aus dem Tao. Die verfeinerte Schau, aus der er die Welt betrachtete, war erfüllt von Himmelslicht, seine irdische Verkörperung wie ein Schatten des Nichtmanifestierten. Er war Zeuge einer Herrlichkeit, die sich hinter allem Gestalteten und Geformten verbarg. Seine natürliche Einfachheit, seine Anspruchslosigkeit und Selbstlosigkeit strahlte etwas Edles, Unantastbares und Majestätisches aus. Er war gänzlich frei von Stolz und Begehren.

Respektvoll bewegte er sich mit der gesamten, sich langsam bewegenden Natur. Er war Teil von ihr, doch frei von ihren Begrenzungen. Sein Dasein bewirkte ganz natürlich Ausgleich, Einklang und Harmonie zwischen Himmel und Erde.

Dann, kurz vor Mittag, erreichten sie das kleine Dorf am Ende eines langen hügeligen Tals. Die Bauern waren auf den Feldern bei der Arbeit, doch die Frauen, die Kinder und die Alten waren im Dorf anzutreffen.

In diesem fruchtbaren Tal wurden Reis, Weizen und Gemüse angepflanzt. In den feuchten Reisfeldern schnatterten Enten, die irgendwann mit dem Reis und dem Gemüse auf den Tellern der Dorfbewohner landen würden.

Einige Bauern züchteten Wasserbüffel, die als Arbeitstiere eingesetzt wurden, erklärte der Meister, als sie mehreren dieser urigen Geschöpfe begegneten, die gemächlich die Dorfstraße heruntertrotteten.

An den alten baufälligen Häusern nagte der Zahn der Zeit, einige sahen aus, als würden sie demnächst einstürzen. Neben den Häusern, von der Strasse weg nach hinten versetzt, standen kleine offene Häuschen; es waren die Ahnentempel. Sachte trug der Wind die tanzenden Rauchsäulen von Räucherwerk, das vor den Ahnentempeln brannte, mit sich und löste die Säulen rasch auf. Täglich wurden Opfergaben in diese kleinen Tempel gelegt, sie waren für die Ahnen und die Naturgeister bestimmt, die in diesem Tal wohnten.

Den Dorfbewohnern war es wichtig, dass die Geister und Ahnen ihnen wohlgesinnt waren, denn davon hing das Alltagsleben der Dorfgemeinschaft ab. Davon waren sie zutiefst überzeugt. Sie opferten so, als wären Ahnen und Geister stets anwesend. Ihre Gebete waren echt und intensiv, sie fühlten sich mit der unsichtbaren Welt, in der ihre Ahnen wohnten, verbunden. Die jahrhundertealten Bräuche bildeten einen festen Bestandteil ihres Lebens.

Vor einem der Häuser blieb der Meister stehen und bat Fräulein Li auf einer Holzbank Platz zu nehmen. Es würde eine Weile dauern, bis er die Arbeit erledigt habe, sagte er und verschwand im Haus.

Die junge Frau fühlte sich geborgen in einem wohltuenden Frieden. Sie schloss die Augen und lauschte den vielen unterschiedlichen Geräuschen der Umgebung.

Bilder lösten sich in ihrem Bewusstsein ab, alte Erinnerungen breiteten sich panoramaartig in ihrem Inneren aus. Durch ihr inneres Auge sah sie das Haus ihrer verstorbenen Eltern, ihre Geschwister, Freunde und Verwandten. Sie schienen wie Träume in einer fernen Unendlichkeit. Ein Schmerz bohrte sich in ihr Herz. Unerwartet tauchten die Gesichter ihrer verstorbenen Eltern in ihrem Bewusstsein auf und mit ihnen die starken Erinnerungen an den schmerzvollen Verlust, der sie mit trüber Trauer durchtränkte.

Still beobachtete sie diesen dunklen Schmerz, diesen Todesboten, der die Zerstörung aller Körper und Lebensformen am Ende ihres physischen Daseins verkündete.

Doch jetzt blieb sie ruhig und wandte

sich nicht mehr nach außen, sie ließ sich von den alten nach außen gekehrten, gestaltenden Kräften und deren Wirkmacht nicht mehr einfangen und in die Irre führen. Der alte Schmerz war zwar da, doch er hatte keine Macht mehr über sie, denn sie ruhte im Vorweltlichen, vor allen Erinnerungen, absorbiert in zeitloser Schönheit und allumfassender Stille. Die nach außen reißenden Kräfte in die Welt von Licht und Schatten wurden schwächer, das Spiel des inneren Selbst und seiner äußeren Besitzansprüche hatte sie durchschaut. Trotzdem, die alten Kräfte hatten sie noch nicht ganz freigegeben, denn die hohe Wirksamkeit des Nicht-Wirkens und Nicht-Seins war noch nicht vollendet.

Ein Geräusch aus dem Inneren des Hauses weckte ihre Aufmerksamkeit, sie öffnete die Augen. Ein spindeldürrer, zahnloser Mann, der mit einer weiten grauen Hose und einem weißen, ärmellosen Unterhemd bekleidet war, trat aus dem Haus und setzte sich neben sie auf die Bank. Er war das Oberhaupt der Großfamilie, die in diesem bescheidenen Haus wohnte, und für den Zusammenhalt und das Wohlergehen der Familie verantwortlich. Höflich und mit gebührendem Respekt grüßte sie ihn.

»Sind Sie mit Meister Wang verwandt?«, wollte er wissen. Sie verneinte und erzählte ihm von ihrer Wanderschaft, wie sie vom Weg abgekommen und im Wald zufällig zur Einsiedelei gelangt sei und dass der Meister ihr erlaubt habe, einige Tage in der Einsiedelei zu bleiben.

Der Alte nickte und sagte mit einem schelmischen Grinsen: »Wer in Gradheit lebt, kennt keinen Zufall, und wer nicht abweicht, wird durch die ordnenden Kräfte, durch die alles geschieht, was geschieht, geleitet.

Meister Wang ist ein weiser Mann«, fuhr er fort, »er kennt die alten verborgenen Pfade. Er biegt alles Verbogene gerade und erhebt alles Niedrige.

Vor einigen Monaten, als er bei uns war, ging es mir gesundheitlich schlecht, und ich war von trüben Stimmungen hin und her gerissen. Er hatte meinen bedenklichen Zustand sogleich erkannt und setzte sich zu mir, hier auf diese Bank. Er sagte: ›Die Erschöpfung des Alters vermag die Stimmung des Menschen nicht zu trüben, wenn sein Geist unbekümmert im Grenzenlosen ruht. Wer trüben Stimmungen Gehör schenkt, wird von ihnen gefangen genommen. Fischen Sie nicht im Trüben, wenden Sie sich der hellen himmlischen Kraft, Ihrem wahren Sein, zu.‹

Junge Frau, den kraftvollen Worten eines Weisen muss man Gehör schenken. Seine Worte haben viel in mir geklärt, und eine Stunde später war alles Kranke aus mir entschwunden.«

Eine seiner Töchter trat aus dem Haus und reichte ihnen Kürbisschalen, gefüllt mit frischem Trinkwasser. Gleich darauf kam sie wieder mit einer Schüssel dampfend heißer Nudelsuppe, die sie auf den wackeligen Holztisch stellte. Nachdem sie ein paar freundliche Worte mit Fräulein Li gewechselt hatte, ging sie eilig ins Haus zurück; sie schien sehr beschäftigt zu sein.

Als sie gegessen hatten, erzählte der Alte, dass alle zwei Wochen ein Mann aus einer Stadt in ihr Dorf komme, um Post zu bringen und abzuholen. Seine Frau, sagte er nicht ohne Stolz, sei die Sammelstelle für das ganze Dorf. Meister Wang würde sie bei komplizierten amtlichen Schreibarbeiten unterstützen und manchmal auch Menschen im Dorf in verschiedenen Belangen beratend beistehen.

Meister Wang stamme aber nicht aus ihrem Dorf, er sei vor vielen Jahren zugewandert und habe sich in das leer stehende Haus im Wald zurückgezogen. Der Alte kramte in seinen Erinnerungen und sagte, ein bisschen selbst überrascht, dass der Meister ja schon während seiner Kindheit hier gewesen sei. Woher er komme, wisse er nicht, aber das sei auch nicht wichtig. Lachend fügte er hinzu: »Wissen Sie, Neugier ist eine Schwäche des Menschen, sie raubt ihm seine Gradheit.«

Die Zeit verstrich langsam und gemächlich an diesem Ort, irgendwann kam der Meister mit der Frau des Gastgebers aus dem Haus. Sie wollte Fräulein Li unbedingt kennenlernen. Trotz ihres fortgeschrittenen Alters war sie voller Lebenskraft und Tatendrang, und, wie sich bald herausstellte, wusste sie genau, was sie wollte. Ihre laute Stimme war energisch und bestimmend, doch auch freundlich und gütig. Sie stellte sich als Frau Shu vor und beharrte gleich darauf, Fräulein Li ihren Freundinnen vorzustellen.

Den Anwesenden blieb keine Zeit, sich dazu zu äußern, lachend nahm sie die junge Frau am Arm, und schon waren sie unterwegs. Ihre unbeirrbare Spontaneität belustigte den Meister, der sie bestens kannte. Er setzte sich neben ihren Mann auf die Bank. Fräulein Li drehte sich leicht irritiert um und sah das verschmitzte Grinsen des Meisters und das Achselzucken von Herrn Shu, der ihr ein wenig verlegen zuwinkte. so als wolle er sich für das Verhalten seiner Frau entschuldigen.

Frau Shu folgte spontan und unbelastet ihren Gefühlen, und diese Echtheit und Energie gefiel der jungen Frau. Wie eine kostbare Trophäe führte Frau Shu ihre neu gewonnene Freundin wohlwollend den holperigen Weg durchs Dorf hinunter, vorbei an einigen vereinsamt aussehenden Häusern.

Lärmend flogen Krähen über ihre Köpfe hinweg und ließen sich vom aufkommenden Nordwind mittragen. Das schrille Gekrächze der Vögel übertönte den melancholischen Gesang einer Nachtigall, die vor einem Haus in einem kleinen Käfig eingesperrt war.

Ältere Frauen und Männer gingen an ihnen vorüber und grüßten freundlich, alle im Dorf kannten sich. Frau Shu erklärte den Dörflern genüsslich, dass Fräulein Li ein Gast von Meister Wang sei, anerkennend nickten alle der jungen Frau zu. Der Meister genoss im Dorf ein hohes Ansehen, dies wurde Fräulein Li in diesem Moment bewusst.

Sie gelangten zu einem zweistöckigen Haus am anderen Ende des Dorfes, dort war der Dorfladen. Die verwitterte Holztür stand offen, sie traten sogleich ein. Fräulein

Li schaute sich um, das Angebot war eher bescheiden, doch für den Alltagsbedarf war das meiste erhältlich. Ein penetranter Geruch füllte den Raum, er rührte von den getrockneten Fischen, die mit glasigen Augen und offenen Mäulern auf der Verkaufstheke in einer Schale lagen.

In einer Ecke waren Hocker gestapelt, und wie sich bald herausstellte, war diese Ecke der Treffpunkt der Frauen des Dorfes.

Die zwei Inhaberinnen des Geschäftes waren Schwestern, unverkennbar Zwillinge. Unverzüglich kamen sie hinter der Theke hervor, erfreut, Frau Shu und ihren fremden Gast zu begrüßen. Selten kam jemand von außerhalb in dieses abgelegene Dorf.

Die Schwestern holten vier Stühle, und alle setzten sich. Der bunte Stapel in der Ecke wurde zusehends kleiner, denn immer mehr Frauen betraten den Laden, angeblich um einzukaufen, doch sie setzten sich gleich zu ihnen, das Einkaufen konnte warten.

Es wurde gelacht, gescherzt, gezankt und diskutiert, und natürlich wollten sie so viel wie nur möglich aus dem Leben von Fräulein Li erfahren. Die junge Frau amüsierte sich köstlich in dieser Frauengemeinschaft, in der sie mit Abstand die Jüngste war.

Kinderlachen ertönte gedämpft aus einem hinteren Raum, eine der Schwestern entschuldigte sich für den Lärm und erklärte, dass ihre Mutter sich um die Kinder kümmere, während sie arbeite. Trotz der schwierigen und ärmlichen Verhältnisse, in denen die Menschen hier lebten, konnte Fräulein Li bei keiner dieser Frauen auch nur den Anflug von Oberflächlichkeit oder Unzufriedenheit entdecken. Diese Frauen hatten ihre Unbeschwertheit nicht verloren, was in ihren spielerischen und scherzhaften Diskussionen klar zum Ausdruck kam.

Der Herzschlag dieses Dorfes war immer wieder großen Strapazen unterzogen, wenn Missernten oder Überschwemmungen die Existenzgrundlage der Bevölkerung in Frage stellten, dies erzählte mit ernster Miene eine der Schwestern Fräulein Li. Solche Naturereignisse hatten stets weitreichende Folgen für alle Bewohner des Dorfes. Viele junge Männer und Frauen hatten schon das Dorf verlassen, um in einer Stadt Arbeit zu suchen. Sie hofften, dort ein besseres und leichteres Leben zu finden, erzählte sie weiter.

Die Schwestern wollten Fräulein Li zum Essen einladen und gleich den ganzen Tag mit ihr verbringen, doch Frau Shu erklärte ihnen, dass Meister Wang vor ihrem Haus auf sie warte, und nach vielen Ahs und Ohs verabschiedeten sie sich. Eine der Schwestern schenkte Fräulein Li als Andenken eine kleine geschnitzte Holzfigur in Form eines Fisches und sagte mit feierlicher Stimme: »So sorgfältig, wie man kleine Fische brät, sollte man auch seine Gäste behandeln. Sie sind bei uns immer willkommen, Fräulein Li.« Ihre empfindsame Art, sich auszudrücken, spiegelte ihren behutsamen Umgang mit dem Leben und der Natur. Ihre Worte waren einfach, freundlich und natürlich, ihre Art berührte die junge Frau auf eine besondere Weise.

Frau Shu brachte Fräulein Li wohlbehalten dem Meister zurück, und gleich darauf begaben er und die junge Frau sich auf den Rückweg zur Einsiedelei. Diesmal nahmen sie einen anderen Weg.

Der Meister trug eine alte, muffig riechende Stofftasche mit sich, die ihm Frau Shu mitgegeben hatte. Sie war vollgestopft mit Esswaren und einigen Paketen Tee. Sie wusste noch nicht, dass der Meister bloß einmal am Tag aß und nur wenig. Als er sah, wie Fräulein Li die vollgestopfte, löcherige Tasche musterte, meinte er lachend: »Ja, Frau Shu hält sich mit nichts zurück, und sie ist immer von Herzen großzügig. Sie sagte mir, dass sie ihren Sinn auf Erden darin sehe, mit allen Menschen gemeinsam glücklich zu sein, und dass diese Gesinnung die treibende Kraft in ihrem Leben sei.« Im Gehen erklärte er in seiner zurückhaltenden Art, dass er sich aus einer himmlischen Kraftquelle ernähre, die dem menschlichen Auge verborgen sei. Das höchste Leben kenne weder Hunger noch Durst, fügte er hinzu.

Einen erkennbaren Weg durch den Wald gab es nicht, doch der Meister schien jeden Baum und jeden Strauch zu kennen. Er achtete darauf, keine Blumen oder Pflanzen zu zertreten, er lebte harmonisch mit allem Leben. Er sagte, dass allem sichtbaren, fassbaren und geformten Leben eine formlose, unfassbare, himmlische Macht zugrunde liege. In diesem Gewahrsein lebte er. Er war leer und doch übervoll. Das himmlische Leuchten, das von ihm ausging, segnete und erweckte alle Lebewesen in der Umgebung, und weit über diese hinaus. Ja, die Natur kommunizierte mit ihm, für ihn gab es in diesem heiligen Fließen nirgends Grenzen oder Hindernisse.

Unweit von ihnen erblickten sie eine kleine Hirschkuh, die zwischen den Stämmen der

Bäume hindurchäugte. Ihr hellbraunes Fell mit den zarten weißen Tupfen war eine perfekte Tarnung. Farblich und harmonisch war dieses Tier in die Landschaft integriert. Neben dem Muttertier stand ein verunsichertes und verängstigtes Kitz, es war nicht mehr als ein paar Wochen alt. Man konnte die Anspannung und die Aufregung der scheuen Tiere förmlich spüren. Eigentlich hatten sie den Impuls zu fliehen, doch sie rührten sich nicht von der Stelle. Sie schienen fasziniert von diesen fremdartigen Lebewesen im Wald.

Der Meister und die junge Frau blieben reglos stehen. Acht Augen schauten sich gegenseitig im selben Bewusstsein an, der Raum zwischen ihnen zerschmolz. Vier Herzen schlugen in unterschiedlicher Geschwindigkeit in der einen heiligen Ordnung. In diesem gedankenlosen Beobachten wurde das Starke geschwächt und das Geschwächte gestärkt, himmlische Kräfte wirkten ausgleichend und bewirkten ein Gleichgewicht. Alles war in Ordnung, in der großen Ordnung.

Das Rascheln eines auffliegenden Vogels erschreckte die Tiere, panikartig flohen sie ins Dickicht und zerrissen mit ihrer Angst und ihrer spontanen Reaktion die zeitlose Stille. Sie folgten ihren Instinkten, die ihnen sicher viele Male das Leben gerettet hatten. Das Aufbrechen des Zeitlosen bewirkte eine sofortige Rückkehr von Sekunden und Minuten.

Sekunden und Minuten pflügten wieder lautlos die Wege in eine unbekannte Zukunft. Sie sind die Boten alles Vergänglichen und begleiten die Lebewesen von der Geburt an bis zum Tod. Jedes Lebewesen lebt in seiner eigenen Zeit von Moment zu Moment, bis zu seinem physischen Ende. In einem unhörbaren Takt reihen sich seit unvordenklichen Zeiten Sekunden an Sekunden, schwellen zu Minuten und Stunden und bestimmen den Anfang und das Ende aller Dinge.

Als sie tief im Wald zu einem flachen, moosbewachsenen Stein gelangten, sagte der Meister: »Hier setzen wir uns eine Weile hin.« Alte majestätische Bäume spendeten Schatten, es war still. Die ganze Natur schien in diese alles umfassende Stille hineinzulauschen.

Leise sprach der Meister: »Die Stille des Waldes ist nicht die letzte Stille, die große Stille ist unergründbar und für die Sinne des Menschen nicht wahrnehmbar.

Was hört, hört nach außen, was sieht, sieht nach außen, was fühlt, fühlt nach außen. Das Wahrnehmende nimmt bloß Äußeres wahr, doch alles Äußere ist vergänglich. Der Körper, der selbst vergänglich ist, kann nur die vergängliche Welt in sich aufnehmen und bewahren. Doch alles Äußere wie auch die Kenntnis von allem Äußeren zerfällt mit dem physischen Tod und löst sich in nichts auf. Vom Körper und der Welt bleibt nur ein Häufchen kalte Asche, die vom Wind verweht wird.

Schütteln Sie den Staub der Welt und den Staub Ihres Körpers von sich, Fräulein Li, durchdringen Sie das geheimnisvolle graue Tor von Leben und Tod und schauen Sie nie zurück. Durchbrechen Sie die herrschenden Kräfte der Natur und durchbrechen Sie alles Äußere und Vergängliche.

Der himmlische Geist bestimmt die Materie, nicht aber die Materie den himmlischen Geist. Umfassend ist das Tao, es umfasst alles, und deshalb ist es unerklärlich und unfassbar. Versucht man, es zu erklären, verirrt man sich in Worten und Konzepten und verlässt die allumfassende Einheit. Wer aus der Welt ins Tao zurückfließt, ist allumfassend und unerklärlich, für die Welt der Gegensätze ist er unsichtbar. Wer vollendet, ist unerschöpflich und alterslos, die Urnebel haben sich für immer verflüchtigt und aufgelöst.«

Die Worte des Weisen wirkten wie gebündelte Feuerstrahlen, sie drangen unmittelbar ins Herz der jungen Frau. Die Wortkräfte wühlten sie auf und entzündeten in ihr einen heftigen, unkontrollierbaren Flächenbrand.

Jahrtausendalte Kräfte bewegten sich in ihr mit orkanartiger Wucht, etwas Zähes sträubte sich vehement, die strukturierten und personifizierten Gewohnheiten preiszugeben und loszulassen. Eine starke magnetische Kraft hinderte die junge Frau noch daran, über die Ufer der Welt hinauszuschreiten und im Ozean des Nicht-Seins aufzugehen. Unkontrollierbare Emotionen und Gedanken schossen in ihr hoch, und diese unwillkürlichen und unerwarteten Reaktionen waren ihr äußerst peinlich.

Der Meister hatte diese heftigen Schübe gleich wahrgenommen und auch die Scham, die sie empfand. Mit sanfter Stimme erklärte er: »Die wirkenden Kräfte der Welt stehen in unmittelbarer Beziehung mit dem menschlichen Wirken. Durch sein eigenes Wirken erlangt der Mensch Einsicht in das Wirken der Welt, doch das Wirken des Tao bleibt ihm verborgen.

Durch das persönliche Wirken entstehen Dinge, die sichtbar und fassbar sind, und ihre Beschaffenheit ist durchschaubar. Das, was man im Außen sehen und erleben kann, sind wir nie, Fräulein Li. Alles, was sich hervorhebt, kommt und geht. Schenken Sie dem keine Beachtung, kehren Sie sich nicht mehr nach außen.«

Meister Wang mochte ihre Tugendhaftigkeit und Ergebenheit, deshalb hatte er sie für eine gewisse Zeit bei sich aufgenommen. Doch er hatte sich von jeglichem Pflichtbewusstsein gelöst, und gerade dieses konsequente Abgelöstsein spiegelte seine allumfassende Wirkensart. Er hinterließ keine Spuren, vermochte jedoch sämtliche Spuren zu lesen. In diesem Nicht-Sein und Nicht-Wollen war er Zufluchtsort für alle Lebewesen – ein Tor, das sich nie schließt, ein Feuer, das nie erlischt.

Die Sonne zog gerade ihre letzten wärmenden Strahlen aus dem schattigen Tal zurück, als sie die Einsiedelei erreichten. Sie waren nicht in Eile gewesen und hatten die Zeit in diesem wundersamen, lebendigen Wald genossen. Die einsetzende Dämmerung hüllte die Natur in eine weiche, geheimnisvolle Ruhe, und die Waldblumen, die aus der warmen Erde um die Einsiedelei sprossen, schlossen geräuschlos ihre Kelche.

Während des Tages hatte die Natur ihren Hunger nach Licht und Aktivität gestillt, nun war die Welt in eine angenehme dunkle Ruhe eingegangen. Die Nacht hatte den Tag verschluckt, die Welt schien stillzustehen.

Die Sinne entspannten und erholten sich vom Rausch der unzähligen Eindrücke des Tages, die Willenskräfte besänftigten sich. Es schien, als ob eine himmlische Kraft den Lauf der Welt in der Nacht zügle, um sie auf eine Reise ins Land der Träume mitzunehmen. Herumschwirrende graue Gedanken, die an Trauer, Schmerz und Leid gebunden waren, wurden von einer unbekannten Kraft eingesammelt und an einen stillen Ort im Land des Schlafes gebracht.

Der Meister und Fräulein Li saßen vor der Einsiedelei und lauschten in die kühle dunkelblaue Nacht hinein. Wie Diamanten funkelten unzählige Sterne am wolkenlosen Himmel. Der Meister erklärte mit leiser Stimme, so als wolle er die Stille der Nacht nicht stören: »Die Natur duftet anders und sie sieht in der Nacht anders aus als am Tag. Zwischen Tag und Nacht, Himmel und Erde besteht keine Grenze, sie ergänzen sich.

ES bewegt sich und kommt hervor, ES

bewegt sich und fließt zurück und wirkt durch alle Lebewesen. In diesem Rhythmus strömt die Gefühlswelt des Menschen mit Tausenden von Düften und Stimmungen mit der gesamten Natur, die im Unergründbaren gründet. Eingebettet in diese großen Zyklen, begleitet eine himmlische Macht den Menschen und alle Lebewesen durch das Leben und den Tod.

Tag und Nacht liegen übereinander, sie sind das Warme und das Kühle und existieren eng ineinander verschlungen wie ein unzertrennliches Liebespaar. Leben und Tod, Licht und Schatten, Klang und Stille, Wachsein und Schlafen, sie bedingen einander. Eine himmlische Macht vor den Gegensätzen ermöglicht die Spiegelung dieser zweifachen inneren und äußeren Welt, dieser Welt, gefüllt mit Körpern und Dingen.

Diese Lichtmacht durchdringt und erleuchtet alles Sein, und alles Sein ist diese himmlische Macht. Wer sich einfügt, lebt im Glanz dieser heiligen Macht. Wer sich nicht nach außen kehrt, schaut mit inneren Augen, doch dieses Schauen hat nichts mit dem Sehen der Außenwelt zu tun. Es ist das Gewahrsein des zeitlosen, formlosen und ungeborenen erleuchteten Daseins. Ein Sehen ohne einen Sehenden. Alles Erlebte und Wahrgenommene entspringt dem inneren eigenen Wesen und wird im Inneren registriert und verarbeitet. Die Außenwelt ist nichts als die registrierte und erinnerte Innenwelt. Doch das Tao, das verborgene Sein, ist vor der registrierten und erinnerten Innen- und Außenwelt. ES zu entdecken, öffnet das Tor ins Ursprüngliche, in eine grenzenlose Herrlichkeit.

Es ist schon spät, Fräulein Li, gehen wir nun schlafen«, beendete er das Gespräch.

Die junge Frau verbeugte sich höflich und zog sich dann in ihr Schlafgemach zurück. Sie saß auf dem Bett, ihr Körper war müde, doch ihr Geist war hellwach. Sie hörte das leise Knacken vom Bett des Meisters, er hatte sich hingelegt.

Durch eine gewaltige ausgehauchte Kraft von unendlich vielen miteinander verketteten Erfahrungen und Ereignissen hatte sich ihr Lebensweg gebildet und ihre Persönlichkeit geschmiedet, und jetzt saß sie da.

Unglaublich, der Meister, der im Nebenraum schlief, hatte sie innerhalb kürzester Zeit an den Rand eines unbekannten ewigen Kontinents geführt, den sie jedoch noch nicht betreten hatte. Doch ihr Vertrauen in diesen Meister war immens. Sie war überzeugt, dass er sie zu gegebener Zeit über die Grenze in die große Stille mitnehmen würde.

Lebensgeheimnisse

Tage vergingen, der Meister ruhte in sich und sprach kaum. Er hatte begonnen, einen Schuppen an die Einsiedelei anzubauen, in dem er Werkzeuge und Geräte unterzubringen gedachte. Ein Stapel dunkelgrüner Bambusstangen lag hinter dem Haus, gemeinsam trugen sie die Hölzer nach vorne. Der Meister war froh, dass Fräulein Li ihn bei dieser Arbeit unterstützte, was er ihr auch mehrmals kundtat, und sie war froh, etwas Konkretes für ihn tun zu können. Ihre Dankbarkeit war groß. Dass sie das Glück hatte, einem solchen Meister zu begegnen, konnte sie immer noch nicht recht glauben.

Durch sein alles durchdrängendes Leuchten hatte er in ihr das Geheimnis des Nicht-Seins erweckt, diese mystische Pforte, durch die sich die himmlischen Kräfte offenbaren.

Aufmerksam beobachtete sie ein grauer Falke bei ihrer Arbeit; er saß regungslos auf einem Ast eines Baumes in unmittelbarer Nähe.

Mit derselben fokussierten Aufmerksamkeit bearbeitete der Meister die Hölzer, seine umfassende Bewusstheit beeindruckte Fräulein Li. Was auch immer er in seine Hände nahm, es geschah behutsam, frei von Hast und respektvoll. Zwischen seinem grenzenlosen Dasein und seiner physischen Präsenz gab es nirgends Brüche oder Konflikte, er war ewiges Dasein. Jede seiner Handlungen war eine ordnende Kraft, die sich weit über die Grenzen des menschlichen Verstandes auswirkte. Der Meister war leer, seine Ruhe und Ausgeglichenheit wurde von einer zeitlosen Beständigkeit getragen.

Er war ein Bestandteil aller Zeitalter, aber die Zeitalter vermochten ihn nicht mehr zu berühren. Ohne sich zu regen, durchwanderte er die ausgedehnten Schöpfungen dieser Welt. Alles war in ihm, doch er war in nichts, denn er war leer und wirkte, ohne wirksam zu sein.

Die Arbeit kam gut voran, doch irgendwann war der Bambusvorrat verbraucht, und das Holz hatte nicht ganz gereicht, um den Schuppen fertigzubauen. Meister Wang entschied, in den nächsten Tagen aus einem Bambuswald, der sich in der Nähe befand, noch ein paar Stangen Holz zu holen. Fräulein Li freute sich, ihn begleiten zu dürfen. Ihre Hingabe vertiefte sich täglich.

Jeden Morgen vor Sonnenaufgang unterrichtete er sie nun im Wushu. Die Feinheiten dieser Bewegungsabläufe, die er ihr geduldig beibrachte, beglückten sie, ihr Körper wurde ausgeglichener, beweglicher und anmutiger. Durch seine präzisen und umsichtigen Anweisungen wurde es ihr möglich, einen neuen Raum in sich zu entdecken und innere Begrenzungen zu überschreiten. Ihre Bewegungen wurden weich wie Wasser und geschmeidig wie die einer Katze.

Meister Wang war mit dem Fortschritt seiner jungen Schülerin zufrieden, vor allem ihre Offenheit, Ehrlichkeit, Genügsamkeit und ihre natürliche Bescheidenheit erfreuten ihn.

Eine himmlische Kraft hatte sie zu ihm geführt, dessen war sich Meister Wang bewusst, eine höhere Fügung hatte dies bewirkt. Solche rätselhaften Fügungen innerhalb der Umrandung der Zeit folgten ihren eigenen Wegen und Bestimmungen. Doch der Meister war kein Spielgefährte einer unfassbaren Riesenkraft, die ihn beherrschte, denn er ruhte im ursprünglichen Nicht-Sein jenseits aller Schicksalskräfte. Er hatte alles losgelassen und entäußert, nun lebte er sich selbst im Vollendeten, im Tao.

Nach einigen Tagen intensiver Lernprozesse erklärte er ihr beim Tee Folgendes: »Nirgends existiert ein äußeres Feindbild, außer in den nach außen gekehrten Vorstellungen. Ich selbst habe nie einen Kampf gewonnen. Wer Waffen einsetzt, um andere zu besiegen, hat schon verloren. Es geht nie darum, Äußeres zu besiegen und zu beherrschen, sondern Unklares und Eingrenzendes im inneren Selbst zu überwinden. Wer seinen Willen stählt, um andere zu besiegen, verliert sich selbst. Klarheit und Bescheidenheit sind die Kraft, die im Nicht-Wollen gründet. Im Nicht-Wollen ruht das Geheimnis des himmlischen Wirkens.

Wer still, klar, gütig und leer ist, besiegt und überwindet sämtliche Hindernisse und ist vom himmlischen Wirken gesegnet. Wer so wirkt, wirkt in Frieden und Stille und versteht die hohe Kunst des Wushu. Nicht vordringen, sondern eindringen und durchdringen ist der Weg ins Tao.

Der einzige Feind, den es gibt, lebt im Menschen selbst, denn er ist es, der den Feind und das Feindesland in sich selbst sieht und erlebt. Irrigerweise ist der nach außen Gekehrte davon überzeugt, der Feind und das Feindesland würden außerhalb von ihm existieren.

Das große Übel entsteht unmittelbar, wenn der Mensch einen äußeren Feind wahrnimmt, den er glaubt bekämpfen, besiegen und beherrschen zu müssen. Wer sich so nach außen kehrt, haftet an seinen eigenen Vorstellungen und Täuschungen, er lebt abgeschnitten und ausgegrenzt vom himmlischen Gleichgewicht.«

Eines frühen Morgens machten sie sich auf den Weg zum Bambuswald. Vor der Einsiedelei ging es bald steil nach unten, einen Pfad gab es nicht. Die Bäume standen dicht beisammen, der Waldboden war mit dornigem Gestrüpp überwuchert.

Meister Wang kannte den Wald und seine Tücken, leichtfüßig führte er Fräulein Li durch das unwegsame Gelände den Berg hinunter. Kein einziges Wort wurde gesprochen.

Fräulein Li fühlte sich in diese beseelte Landschaft eingebettet, doch ihre wachen Sinne wurden von der Schönheit und der Kraft dieses Ortes nicht betäubt, denn sie kehrte sich nicht nach außen. Deshalb konnte das Außen sie im Innen nicht gefangen nehmen, sie war beobachtende Stille, es fand keine Identifikation mehr statt. Der Meister hatte sie wachgerüttelt und vor den Umarmungen der Sinneswahrnehmungen im Außen gewarnt. Er hatte gesagt: »Wer Vergängliches umarmt, wird vom Vergänglichen mitgerissen und erlebt Leben, Tod und Wiedergeburt.«

Fräulein Li wusste, dass alle Dinge, die sie durch die Sinne wahrnahm, vergänglich sind und nicht aus sich selbst heraus existieren, wie man leicht geneigt ist zu glauben.

Sie hatte erkannt, wie sich die nach außen gekehrten Wahrnehmungen zu Vorstellungen im Bewusstsein verdichteten und wie sie im Denken zu Begriffen verklumpten. Vor-Stellungen erschufen außerhalb des Untrennbaren die Gegensatzpaare und den Glauben, jemand oder etwas zu sein. Sie bestimmen die Standpunkte, wie die Welt wahrgenommen und erlebt wird.

Der Meister hatte sie darauf hingewiesen, dass Wahrnehmung durch eine spezifische Funktion des Bewusstseins aktiv wird, um die Bilder, die durch die Sinne im Inneren des Menschen sichtbar werden, zu erfassen. Durch diesen autonomen Prozess entsteht im Wahrnehmenden das Empfinden, getrennt vom Wahrgenommenen zu existieren.

Für den nach aussen gekehrten Wahrnehmenden gibt es scheinbar einen Sehenden, der etwas anderes sieht als das, was er selbst ist,

Inhalte, die getrennt und außerhalb von ihm zu existieren scheinen. Das Subjekt und das Objekt sind Saat und Ernte des nach außen gekehrten Bewusstseins, sie existieren und funktionieren nur im Außen.

Bisher hatte Fräulein Li diese gegensätzlichen Bewegungen fälschlicherweise als eine wirklich und real existierende Tatsache angenommen und akzeptiert, doch dieses Missverständnis hatte sich nun endgültig für sie geklärt.

Still folgte sie dem Meister den steilen Hang hinunter. Unterwegs erinnerte sie sich an einen wegweisenden Satz, den er ihr vor ein paar Tagen gesagt hatte: »Nie sich selbst lebend und frei vom Eigenwillen fügt sich der Weise nahtlos ins Tao ein.« Diese Worte hatten sich tief in ihr Innerstes eingeprägt.

Unten angekommen, zogen sie an grünen Reisfeldern entlang durch das langsam ansteigende und sich verengende Tal. Unterwegs begegneten sie einem Bauern, der gebückt in einem Feld arbeitete. Der Mann grüßte freundlich, doch seine schmerzerfüllten Augen zeugten von einem Leiden, das ihn marterte.

Der Anblick dieses Mannes bewegte das Herz der jungen Frau, sie ging zu ihm und fragte ihn nach seinem Befinden. Er sprach über die bevorstehende Ernte und das Wetter, über sein Leiden verlor er kein Wort. Dann fragte sie ihn nach seiner Familie und warum er alleine in diesem abgelegenen Feld arbeite. Nun erzählte er mit trauriger Stimme, dass er vor ein paar Wochen seine Frau verloren habe und sein Herz von Kummer und Trauer erfüllt sei.

Fräulein Li tröstete ihn mit liebevollen, feinfühligen Worten, was ihm sichtlich guttat. Sie sagte: »Ja, so schwinden die alten, vertrauten Gesichter und müde Hände finden ihre Ruh. Die Liebsten, die eng mit uns verwoben sind und durch das Tor des Todes ihre neue Heimat betreten, hinterlassen Spuren von Schmerz in den Zurückgebliebenen. Trennungsschmerz ist ein schlimmes Übel, doch was sich liebt, findet und eint sich wieder.«

Ein heftiger Wind bewegte und durchdrang die Reisfelder. Sanft wiegten sich die leuchtend grünen Pflanzen im Wind; auch die langen dunklen Haare der jungen Frau bewegten sich mit den Böen, die ganze Pflanzenwelt bewegte sich. Die immer stärker werdenden Windböen entlockten der Natur raschelnde und rauschende Geräusche. Diese Naturmelodien erklangen harmonisch und breiteten sich wie ein Klangteppich über die ganze Gegend aus. Wild warfen die Windstöße nun Blumen, Pflanzen und Bäume hin und her, wie Wellen auf dem weiten Ozean. Die Pflanzen leisteten keinen Widerstand und beugten sich geschmeidig nach vorne und nach hinten. Durch diese Bewegungen veränderten sich die Farben der Natur. Der matte Glanz der Rückseite der Pflanzen wurde sichtbar – die Schattenseiten der Pflanzenwelt, die andere Seite der Farbharmonien in der Natur.

Zügig wanderten sie durch das Tal, die Winde wurden allmählich wieder sanfter. Still ging Fräulein Li an der Seite des Meisters. Ihrer beider Schritte wurden vom satten niederen Gras, das hier wuchs, gedämpft, man hörte sie nicht. Einmal mehr war sie vom Gang des Meisters beeindruckt. Obwohl er fest auftrat, schien er den Boden unter seinen Füßen nicht zu berühren.

Scheu beobachtete sie ihn aus den Augenwinkeln: Er wirkte alterslos. Es war unmöglich, sein Alter zu schätzen, und sein langes graues Gewand, das fast den Boden berührte, verlieh seiner kräftigen, aufrechten Gestalt etwas Vornehmes und Edles.

Er war im Tao gefestigt und präsent, weil

er die Gestalt der Vergangenheit hinter sich begraben und dadurch den Boden für ein Morgen ausgehoben hatte. Ein Vorausgreifen der Zeit, ein Hineilen in eine unbekannte und ungewisse Zukunft kannte er nicht. In sich selbst hatte er eine geheimnisvolle, unsichtbare Landkarte entdeckt, die ihm einen Weg über das Leben und den Tod hinaus verriet – zum Ende aller Wege.

Er hatte die Gedanken der jungen Frau erfasst und sagte im Gehen: »Die ungeheuren Wirkkräfte der Natur, die das Schicksal dieser Welt bestimmen, sind die Ursachen und Wirkungen von Geburt, Leben und Tod, von Freuden und Leiden, von Bewahren und Zersplittern. Dieses kosmische Geschehen kann der Mensch weder beeinflussen noch kontrollieren.

Das Zusammentreffen von Himmel und Erde hat seine eigene Art und Bestimmung. Der Mensch sollte sich harmonisch in dieses Zusammentreffen fügen, dann findet er den himmlischen Schlüssel, der über dieses Geschehen hinausführt.«

Weiße Wolken bedeckten den Himmel, in den Lücken, die durch den Wind aufgerissen worden waren, leuchtete ein tiefes Blau.

Sie gelangten zu einem riesigen, uralten Laubbaum, der sich mit knorrigen, fingerförmigen Wurzeln in der Erde festkrallte. Im Schatten dieses Baumes hatten Ameisen zwischen den kräftigen braunen Wurzeln direkt am Stamm eine riesige Stadt erbaut. Die fleißigen Tierchen krabbelten unermüdlich dicht nebeneinander über die Rinde den Stamm hinauf und herunter. Diejenigen, die herunterkamen, zogen gelbgrüne Blätter, die ihre Körpergröße bei Weitem überragten, hinter sich her. Die Beute zerrten sie mit einem enormen Kraftaufwand durch kleine Löcher ins Innere des Ameisenhaufens.

Der Meister bemerkte: »Diese kleinen Kraftprotze leben nicht für sich selbst, sie funktionieren und gehorchen einem klar strukturierten Gemeinschaftsinstinkt, und dieser ist ihre innere Stärke. Diese Ameisenstadt ist ein präzise gebautes Meisterwerk, das aus ihrem kollektiven Bewusstsein entstanden ist. Eine einzelne Ameise ist schwach und verloren, aber als Zelle einer großen Gemeinschaft ist die einzelne Ameise unglaublich stark. Menschen können von ihrem Fleiß und ihrer bedingungslosen Solidarität viel lernen.«

Eine Weile schauten sie diesem beeindru-

ckenden, unermüdlichen Treiben zu, dann
machten sie sich wieder auf den Weg.

Vorne im Tal gelangten sie zu einem Bach, der
sich durch eine Graslandschaft schlängelte
und das Tal entzweite. Klares Wasser plät-
scherte und gurgelte friedlich den Reisfeldern
zu, das Lebenselixier für Pflanzen, Tiere und
Menschen, die im Tal lebten.

Auf der anderen Seite des Baches stand der
Bambuswald. An einer seichten Stelle wateten
sie durch das Wasser und waren schon bald an
ihrem Ziel. Der Himmel hatte sich aufgehellt,
im milden Sonnenlicht schimmerten die hohen
glatten Bambusstangen in mattem Smaragd-
grün. Der Waldboden war mit niederen, violett
leuchtenden Blütensträuchern überwuchert.

Fräulein Li war von der grandiosen
Schönheit, der Energie und Harmonie dieser unberührten Gegend entzückt. Über der
Landschaft lag grenzenloser Friede. Meister
Wang stand neben ihr, er war in eine allumfassende unbewegte Stille gehüllt, die nicht
getrennt war vom Wunder dieser unermesslichen Schönheit.

Aus einer alten, verwaschenen Stofftasche,
die er mitgenommen hatte, zog er behutsam
ein kleines Beil und eine Art Buschmesser und

legte die Werkzeuge neben sich auf den Boden. Seine Handlungen waren stets bewusst, ruhig und meditativ.

Nachdem er drei kräftige Bambuspflanzen am Rande des Waldes ausgesucht hatte, begann er vorsichtig und gekonnt deren Stämme zu durchschneiden. Beim Arbeiten erklärte er: »Die Wurzel ist der Kopf der Pflanze, sie sollte man nicht beschädigen, denn aus ihr wächst wieder eine neue Pflanze empor. Das reine Herz ist eins mit der Seele der Bäume und Pflanzen, deshalb muss man sie würdevoll und respektvoll behandeln. Sie waren schon Millionen Jahre vor dem Menschen auf der Erde. Die Vollkommenheit der Natur spiegelt die Vollkommenheit der unergründlichen himmlischen Quelle, aus der alles emporströmt.«

Meister Wang war ein geistiger Seismograph, dem nichts entging. Er nahm Gedankenbewegungen und Gefühlsregungen im menschlichen Bewusstsein wahr und spürte auch die vielfältigen Impulse in der Natur. Er kannte den Ursprung des kosmischen Fließens und die Ursachen für die subtilen Erschütterungen, denen alle erschaffenen Lebensformen unaufhörlich ausgesetzt sind.

Er hob wieder zu sprechen an: »Der Mensch partizipiert naturgemäß am gesamten kosmischen Geschehen und ist daher innerlich wie auch äußerlich mit diesem Sein verwoben. Das Tao umfasst alles, jedoch ohne etwas zu sein. Wer sich ins Nicht-Sein einfügt, fließt zurück ins Unergründliche.

Menschen ertrinken in ihren Taten und Leiden, weil sie sich mit ihren Handlungen und Vorstellungen identifizieren. Wer sich nach außen kehrt, nimmt an diesem Selbstbetrug teil und stirbt. Die Flügel des Denkens fliegen nach außen, weg vom verborgenen Nicht-Sein und genießen die Spannweite ihrer Möglichkeiten im äußeren Raum. Doch der Mensch spürt auch die Masse und die Schwere des Gewandes der Materie, sie liegt durch die Verdichtung unzähliger ausgeformter Gedanken und Lebensvorstellungen wie Blei auf seinem Herzen.

Geist reist nach außen, er zersplittert sich und verliert das Leuchten des Nicht-Seins, verliert seinen reinen Ursprung. Irgendwann wird der Mensch dieser Reise aus dem Licht in die Dunkelheit gewahr, hält inne und kehrt sich nicht mehr nach außen. Klare Sicht führt dazu, dass der Mensch das Erkennbare zu erkennen vermag, und auch das, was dem

Erkennen unzugänglich ist und verborgen bleibt.

Erkenntnis jedoch ist davon abhängig, dass etwas getrennt und außerhalb ihres Bereichs existiert, etwas, das der Erkennende außerhalb seiner selbst erkennen kann. Was auch immer im Außen erkannt wird, es wandelt sich und verändert sich ständig und ist ungewiss. Wie also kann man im permanent Ungewissen etwas als wirklich oder unwirklich, als recht oder unrecht bezeichnen? Die gesamte wahrgenommene Welt ist der Mensch selbst, und auch seine Menschlichkeit ist nichts anderes als das. Der Erkennende wie auch das Erkannte sind das Ergebnis des aufgesplitterten Geistes. Deshalb kehrt sich der Weise nicht mehr nach außen, er lebt vor der Zersplitterung und ist seines untrennbaren Nicht-Seins gewahr. Er ruht im himmlischen Leuchten, vor dem Geborenen, vor dem Gemachten und Gewordenen.«

Diese himmlische Offenbarung des Meisters klang tief in der jungen Frau nach und öffnete weitere unermessliche, unbekannte Tiefen in ihr. Seine Wortkraft zerriss innere Grenzen und Strukturen, und dieses Durchdrängen bewirkte ein natürliches und spontanes Realisieren des vorweltlichen Nicht-Seins.

Nachdem er die Bambusstangen mit Schnüren kunstvoll zusammengebunden hatte, hob er das Bündel auf seine Schulter, Fräulein Li nahm die Tasche. Inzwischen war wiederum ein starker Wind aufgekommen, das Wetter zeigte sich von seiner unberechenbaren, launischen Seite. Innerhalb kürzester Zeit überzog eine schwarze Wolkendecke den Himmel, es roch nach Regen. Eilig machten sie sich auf den Rückweg. Der alte Mann, dem sie im Reisfeld begegnet waren, war verschwunden. Meister Wang meinte, dass er diesen Bauern noch nie gesehen habe, er sei wohl aus einem Dorf von der anderen Seite des Tals.

»Wissen Sie, Fräulein Li«, fuhr er schmunzelnd fort, »diese wunderbare Landschaft erbaut sich durch unsere Sinne und unsere Vorstellungen. Durch das Beschauen wird sie ausgeformt und gestaltet, und als Beschauer sind wir Teil der Landschaft. Was sich aus dem unsichtbaren Urgrund erhebt, ist unergründlich und ewig. Was durch die Sinnesinstrumente nach außen gekehrt und sichtbar wird, ist unstetig und vergänglich.

Doch ohne die ewigen himmlischen Kräfte gäbe es weder Fruchtbarkeit noch die heiligen Gestaltungskräfte. Dem Urgrund alles Gewordenen liegt eine unfassbare, unergründliche Tiefe zugrunde, aus der scheinbar alles empordrängt. Alles, was existiert, existiert in Einklang und Harmonie mit dieser einen heiligen Macht. Was alles durch die Sinne des Menschen im Außen aufgewirbelt wird, es wird irgendwann still und kehrt in die Harmonie des himmlischen Urgrunds zurück.«

Vorsichtig stiegen sie den steilen Hang zur Einsiedelei hoch. Lautes Donnergrollen krachte explosionsartig in ihrer Nähe, Fräulein Li erschrak heftig. Die unbändige Wucht dieses Knalls hatte sie physisch erschüttert. Der Donner war ein Vorbote eines sich rasch nähernden heftigen Gewitters.

Der Meister blieb unbeeindruckt. Er blieb kurz stehen und bewunderte ein großes, kunstvoll gewobenes Spinnennetz, das von den starken Windböen hin und her gerissen wurde. »Schauen Sie dieses Spinnenhaus an. Die Spinne spannt ein Netz, um ihr Futter einzusammeln, genauso senden und breiten die Menschen ihre Gedanken aus, um Nahrung und andere Dinge im Außen einzusammeln.«

Der Wind wurde immer stärker und im Wald wurde es immer dunkler. Das Gewitter nahte mit großer Geschwindigkeit und Vehemenz. Gerade rechtzeitig gelangten sie zur Einsiedelei. Kaum hatten sie das Haus betreten, brach das Gewitter mit unbändiger Kraft über sie herein. Mit einer Riesenkraft schlug ein schlanker Blitz bei der Einsiedelei in einen Baum. Man hörte, wie das Holz zerriss und zersplitterte. Diese archaische, entfesselte, strahlendhelle Blitzkraft, verbunden mit dem brüllenden Donner, war wie ein Urschrei aus den Anfängen der Zeit. Ein blendend helles Licht strahlte in die dunkle Nacht, eine gigantische Explosion ertönte in der Finsternis.

Das trockene brennende Holz knisterte im Ofen, eine angenehme Wärme verbreitete sich im Raum. Der Regen prasselte geräuschvoll aufs Dach und hatte eine fühlbare Abkühlung ins Land gebracht.

Meister Wang hatte eine bescheidene warme Mahlzeit zubereitet und heißen Tee gekocht. Still saßen sie im flackernden Licht der Petroleumlampe am Tisch und genossen das Essen und den Tee.

Fräulein Li war in Gedanken versunken, eine sonderbare Melancholie hatte sich über ihr Herz gelegt. Sie mochte diesen unerwarteten, düsteren Zustand nicht und versuchte, ihn so rasch wie möglich loszuwerden.

Sie beobachtete, wie Meister Wang den Ofen öffnete und vorsichtig Holz ins Feuer legte und dann die Ofentür wieder schloss. Ein tiefes Mitgefühl überkam sie, sie empfand eine unermessliche Dankbarkeit gegenüber dem Meister, in dessen Herz die ganze Welt Zuflucht fand. Wie dankbar sie war, dass sie in diesem einfachen und stillen Heiligtum wohnen durfte. Der Ort schien ihr wie ein offenes Tor zum Himmel, gesegnet von reiner himmlischer Kraft.

Der Meister hatte sich mit gekreuzten Beinen auf sein Bett gesetzt und las in alten, vergilbten Schriften. Er war ein Gefäß der Stille und des Friedens, eine ungeheure, grenzenlose Weite, die über die Sterne hinausreichte. Irgendwann legte er sich hin und schlief unverzüglich ein; auch Fräulein Li hatte sich in den Nebenraum zurückgezogen und lag entspannt auf dem schmalen Bett.

Unentrinnbar holte sie der Schlaf ab und begleitete sie in ihr inneres Sein, in einen anderen Raum ihres Bewusstseins. Wie in einer Luftspiegelung drängten sich durchscheinende, unruhige Traumbilder in ihr Bewusstsein. Sie waren Zeugen eines Geistes, der noch im Körperbewusstsein gefangen war und sich noch nicht aus dessen Umklammerung befreit hatte. Ein inneres bezeugendes Schauen beobachtete dieses fließende, ruhelose Meer von

Eindrücken und Ereignissen, von Gesichtern und Landschaften, die sich zusammenhanglos aneinanderreihten.

Das Gewand der Zeit entfaltete eine eigenartige Dynamik in diesem sich scheinbar endlos ausdehnenden Traumraum. Große Möglichkeiten, in ihm zu agieren, gab es nicht, denn die persönliche Denk- und Handlungsfähigkeit wurde in der Traumwelt versklavt und ihrer Autonomie beraubt. Das Individuum wurde gezwungen, sich der Traumaktivität unterzuordnen. Phantasien und leidenschaftliche Situationen formten sich von selbst und erschufen neue, sonderbar abstrakte Welten, in denen auch Furcht, Freude, Schmerz, Glückseligkeit und Lust empfunden und erlebt wurden.

Welch gewaltige Naturkraft hier am Werk ist, weiß man letztlich nicht.

Wachwelt, Traumwelt und Tiefschlaf, diese drei Reiche sind Teil einer großen unteilbaren Ordnung, und sie sind eng miteinander verknüpft. Der Mensch lebt in diesen drei Reichen, und gleichzeitig ist er selbst diese drei Zustände, die er in seinem Bewusstsein erlebt. Wenn einer dieser Zustände erscheint, zieht sich der andere automatisch zurück. Diese Bewegungen scheinen wie das Ein- und Ausatmen des Weltenbewusstseins zu sein. Diese nach außen und nach innen ziehenden Bewegungen erzeugen Leben, Tod und Wiedergeburt, und sie tun dies so lange, bis der Mensch seine Körperidentifikation ganz überwunden hat und in die große Stille zurückgeflossen ist.

Am nächsten Morgen, als Fräulein Li im Bett erwachte, wusste sie, dass sie geträumt hatte, aber was es war, das sie geträumt hatte, daran konnte sie sich nicht mehr erinnern. Im Bruchteil eines Moments hatten sich alle Erinnerungen aus der Traumwelt in ihr verflüchtigt.

In der Nacht hatte es aufgehört zu regnen, doch es lag noch viel Feuchtigkeit in der Luft. Ein dichter Dunstschleier lag über dem Wald und tauchte diesen in eine geheimnisvolle, mystische Stimmung.

An diesem kühlen Morgen stand sie wieder unter dem Baum, der ihr mittlerweile vertraut war, und perfektionierte die Übungen, die Meister Wang sie gelehrt hatte. Der Waldboden war durchnässt und glitschig, an verschiedenen Stellen im Wald dampfte es aus der warmen Erde. Dunstschleier schlichen träge durch das Unterholz und dämpften die Atmosphäre des Waldes, auch die Vögel waren still und verharrten abwartend in Bäumen und Büschen.

Der Meister hatte bereits unter dem alten Baum gestanden, als Fräulein Li aus der Einsiedelei getreten war. Wie immer war er in ein langes graues Gewand gekleidet. Keinen Augenblick verließ er die Mitte, den Anfangszustand allen Seins. Er war im Gleichgewicht des Tao gefestigt.

Fräulein Li beobachtete ihn und war immer wieder erstaunt über die Harmonie, Entspanntheit und Lockerheit, mit der er sich bewegte. Körper und Geist waren eins. Sein ehrfurchtgebietendes Gesicht strahlte Ruhe und Frieden aus, sein Blick schien nach innen, in unfassbare Tiefen gekehrt zu sein.

Dann saßen sie wie jeden Morgen vor dem Haus und tranken Tee. Durch die einstrahlende Kraft der Sonne löste sich der dichte Dunstschleier allmählich und sachte auf, und das warme Licht saugte die Feuchtigkeit aus dem nassen Boden. Eine laue Morgenbrise berührte und umschlang die Lebewesen des Waldes. Der Wind suchte kein Ziel, er war wie ein feines unsichtbares Zauberwesen, das alle

Bäume, Pflanzen und Blumen bewegte. Ein feines wogendes Rascheln durchdrang den Wald, eine sanfte Klanglandschaft erfüllte die Stille. Farbige Schmetterlinge flogen unbeschwert von Blüte zu Blüte, diese faszinierenden jahrmillionenalten Lebewesen mit ihren filigranen Flügeln und zarten Strukturen. Schwalben arbeiteten geschäftig am kunstvollen Bau ihrer Nester unter dem Vordach der Einsiedelei. Meister Wang bewunderte die genialen Architekten und Flugakrobaten.

Ihm war nicht entgangen, dass Fräulein Li, während er Wushu praktizierte, intensiv seine Bewegungsabläufe studiert hatte. Sie hatte die äußeren Punkte seiner Bewegungen studiert und diese in ihr Bewusstsein eingeprägt und gleichzeitig die innere Dynamik, die Quelle der grenzenlosen Kraft, gespürt. Dies eröffnete ihr neue Perspektiven und Entfaltungsmöglichkeiten.

Sie begann zu realisieren, wie die ungeborene Kraft sich im physischen Körper allumfassend ausbreitete, und nun wusste sie mit Gewissheit, dass diese heilige Kraft nie an äußeren Kämpfen in der Welt teilgenommen hatte.

Nach einem weiteren Schluck Tee sagte

der Meister wie nebenbei: »Wichtig ist nicht das, was wir außen sehen, sondern das, was wir durch das Außen innen sehen. Geistige Erhellung ist wie Kerzenlicht in einem dunklen Raum, es ermöglicht, die Dunkelheit und ihre Beschaffenheit zu sehen und sie zu verstehen.«

Meister Wang sah, wie das Alterslose diese junge Frau sanft empfing, wie es sie wandelte und ihr Sein grenzenlos ausdehnte. Ein Hauch von Ewigkeit durchglühte sie, das Flimmern der alten Welt verblasste sachte und mühelos in ihr.

In den nächsten Tagen beendeten sie die Arbeiten am Schuppen. Alle Werkzeuge und Geräte, die sich in dem Raum befunden hatten, in dem Fräulein Li ihre Nächte verbrachte, wurden in den neuen Schuppen gebracht und dort ordentlich eingeräumt. Meister Wang war mit der Arbeit, die sie vollbracht hatten, sichtlich zufrieden und bedankte sich bei Fräulein Li für ihre Unterstützung.

An einem Nachmittag, mitten in einem Gespräch, erzählte er von einem kleinen Waldsee in der näheren Umgebung und überzeugte die junge Frau, diesen Ort aufzusuchen. Er gab ihr klare und präzise Anweisungen, sodass sie den See problemlos alleine finden würde. Er versicherte ihr, dass es wirklich ein sehr besonderer Ort sei.

»Die Schönheit und Unberührtheit dieser Gegend ist wie das Erdengebet einer himmlischen Kraft«, sagte er.

Er besaß die Gabe, mit poetischen Worten farblose Luft mit den schönsten leuchtenden Farben zu versehen, Dunkles aufzuhellen und Vergängliches in mystische Unvergänglichkeit zurückzuführen.

Fräulein Li fühlte in ihrem Innersten eine unbekannte Freude, ein feines Erblühen, wann immer der Meister zu ihr sprach. Selbst scheinbar nicht bedeutsame Worte wirkten tief und umfassend in ihr. Ob er sprach oder nicht, seine kraftvoll leuchtende Präsenz füllte den Raum und durchdrang auch den gemeinsamen Atem aller Lebewesen, sein Wirken war das Wirken des Himmels.

Nach dem Tee teilte sie ihm mit, dass sie den Waldsee aufsuchen werde. Er schmunzelte und nickte, seine Gelassenheit spiegelte sein Versunkensein im Nicht-Ich.

Das Wesen des Einen

Am nächsten Tag machte sie sich im goldenen Morgenlicht alleine auf den Weg. In einer Tasche hatte sie eine Kleinigkeit zu essen und eine Decke aus der Einsiedelei mitgenommen.

Das Herz der Zeit pochte langsam und leise in diesem stillen Wald. Es war, als würde der himmlische Geist verborgen schlummern in den vielen Bäumen, Pflanzen und Blumen und mit diesem lebenden Wunderwerk in direkter Verbindung stehen. Fräulein Li fühlte, dass sie Teil dieses Wunderwerks war und nicht getrennt von ihm existierte. Es gab nur eine Stille, nur eine himmlische Kraft.

Sie verlangsamte ihren Gang, um sich tief in dieses Gewahrsein einzufügen, doch sie ließ sich nicht vom Wahrgenommenen blenden und ruhte im Vorweltlichen, in dem, was vor dem Wahrgenommenen existiert. Sie ruhte vor der Kulisse der Sinnesoffenbarungen in der Essenz aller Schönheit und Kraft. Dieses So-Sein war völlig losgelöst von den Launen alles Erschaffenen.

Im ungetrübten himmlischen Licht genoss sie die unermessliche Schönheit der Landschaft. Sie zerriss die Einheit nicht und verlor sich nicht in persönlich gefärbten Vorlieben für das eine oder das andere. Gegensätzliches vermochte sie in diesen Momenten nicht zu berühren.

Sie war frei von Gedanken an eine vergängliche Welt, frei von der Vorstellung, als ein Körper in der Außenwelt zu leben. Doch die alte Welt war noch zu stark, sie war noch nicht im Tao gefestigt, dessen war sie sich bewusst.

Die geheimnisvolle Kraft jedoch, die in endlos vielen Rhythmen bei Tag und bei Nacht, im Wachen und im Schlafen durch alle Lebewesen ein- und ausatmete, war ihr vertraut. Immer tiefer tauchte sie ein in das unermessliche Mysterium, in das alles Leben eingebettet ist.

Bald gelangte sie zu einem großen, schroffen Felsen mitten im Wald, der von blühenden Büschen umrankt war. Meister Wang hatte ihr erklärt, dass sie von dort aus Richtung Osten gehen solle und der See dann nicht mehr weit sei. Die Vegetation veränderte sich, entspannt schritt sie unter dem sattgrünen Blätterdach hoher Laubbäume in Richtung See.

Sonnenstrahlen bahnten sich zögernd ihren Weg zwischen dem dichten Blätterdach hindurch und beleuchteten wie unsichtbare Scheinwerfer einzelne Stellen auf dem Waldboden. Zarte hellgrüne Farne und weiches, leuchtend grünes Moos, das größere Flächen bedeckte, wuchsen im Schatten kleiner Waldlichtungen. Unzählige winzige Insekten badeten und tanzten in den sanften Lichtstrahlen.

Der Geruch von frischem Wasser fand seinen Weg in die Nase von Fräulein Li, lautes aufgeregtes Entengeschnatter durchbrach die Stille. Momente später erreichte sie den See. Zu ihrer Überraschung war er um einiges kleiner, als sie sich vorgestellt hatte, und dass sie sich etwas vorgestellt hatte, wurde ihr in diesem Augenblick bewusst.

Das bildhaft poetische Zartgefühl, die erlesenen feinen Worte, mit denen der Meister ihr den Waldsee und die Gegend ausgemalt, geschildert und beschrieben hatte, diese farbige Flut von Einzelheiten, von Empfindungen und Vorstellungen hatte sich in ihr Bewusstsein geschlichen und sich dort breitgemacht. Diese Wort- und Bilderkräfte, die sie empfangen hatte, waren in eine unsichtbare Schatulle ihres Bewusstseins eingegangen und dort gespeichert und aufbewahrt worden.

Dieser unbewusste Vorgang hatte offensichtlich zu einer schrankenlosen Ausdehnung ihrer Vorstellungen dieses Waldsees im Innenraum ihres Bewusstseins geführt, dessen wurde sie sich im Moment, als sie den See mit eigenen Augen sah, bewusst. Die von den hörenden und empfindenden Sinneskräften gesammelten Ein-drücke waren blitzschnell im Bewusstsein verarbeitet und zu einem einheitlichen erlebbaren Bild zusammengefügt und gespeichert worden.

Dieser Vorgang hatte sich jenseits ihres Denkens, Wollens und Verstehens abgespielt. Die nach außen gerichteten Sinne bedingten einander und führten ein verkettetes, automatisiertes Eigenleben. Doch Fräulein Li war inzwischen tief gewahr, dass ihr wahres Sein vor diesen automatisierten Abläufen lag, und sie ließ sich von den äußeren Einflüssen nicht mehr täuschen.

Die Zerrissenheit dieser Automatismen im Bewusstsein erschuf die Scheinbildung des Ichs und der konzeptuellen Vor-Stellung eines äußeren Seins – ein starkes Empfinden, getrennt von der Welt und allen Lebewesen zu existieren.

Die Entfremdung von der Ganzheit, dieses innerliche Aufgespaltensein, ist der Weg, der fort vom Ursprung ins Ungewisse führt. Dieses Weggerissen- und Mitgerissenwerden ist wie eine Zeitreise, gemeinsam mit den Galaxien, die in großer Geschwindigkeit auseinandertreiben. Eine Reise weg von ihrem ursprünglichen Sein.

Diese spontanen Einsichten waren für Fräulein Li von tiefer Bedeutung. Sie waren angstlösend und erfüllten sie mit Frieden, gleichzeitig waren sie auch erschöpfend, doch ohne Müdigkeit in ihr zu bewirken.

Am Ufer des Sees angelangt, suchte sie zuerst nach einem geeigneten Platz, an dem sie ihre Decke ausbreiten konnte. Dann setzte sie sich auf die Decke und schloss die Augen. Die Geistesblitze, die ihr Bewusstsein durchzuckten, hatten sie wachgerüttelt. Noch nie hatte sie ihren Körper und die Welt, in der er lebte, so klar als das, was sie nicht ist und nie war, wahrgenommen.

Sie lauschte dem Summen von Millionen Insekten und dem Zirpen der Grillen. Die Stille der Ewigkeit ruhte in dieser Landschaft. Ihre täglichen Gedanken, diese rastlosen Gefährten, wanderten zurück ins

Bewusstsein und ruhten im Nicht-Denken. Sie lauschte ihrem Herzschlag, er pochte in der Lebensader einer unbekannten himmlischen Macht. Der Sekundenschlag ihres Herzens hatte einen Anfang und ein Ende, denn er haftete an der Sterblichkeit des Fleisches, ihr zeitloses Sein vermochte er jedoch nicht zu berühren.

In der stillen Atmosphäre dieses Ortes war sie sitzend eingeschlafen und wanderte durch ihren Schlaf. Das laute Kreischen eines vorüberfliegenden Vogels weckte sie.

Mit sanften Augen betrachtete sie die stille Umgebung. Das Wasser war kristallklar, Seerosen bedeckten einen Teil des Sees. Das gegenüberliegende Ufer war mit Schilf bewachsen, in dem sich mehrere Entenfamilien mit ihren Jungen versteckten. Bäume und Büsche wuchsen bis ans Ufer, ihre ausgeprägten kräftigen Formen spiegelten sich im stillen Wasser. Libellen mit ihren farbigen Flügeln und zarten Körpern flogen am Ufer entlang und landeten auf Blüten und Blättern.

Fräulein Li konnte sich an der Schönheit dieser unberührten Gegend nicht sattsehen. Die Sonne wärmte ihren Körper, und der See war nur ein paar Schritte von ihr entfernt.

Sie fühlte sich zum klaren, bläulich schimmernden Wasser hingezogen. Kurz entschlossen entledigte sie sich ihrer Kleider und stieg enthüllt ins erfrischende Nass.

Sie fühlte sich vereinigt mit diesem Element und schwamm langsam vom Ufer weg. Ihren Kopf über dem Wasser haltend, bewegte sie sich gemächlich Zug für Zug vorwärts. Aus der Perspektive der Wasservögel blickte sie über die Oberfläche des Sees und fragte sich, wie diese Tiere wohl ihre Umwelt wahrnahmen.

Sie lauschte ihren gleichmäßigen Zügen durchs Wasser, und sie sah die Welt mit neuen Augen, mit den Augen der Liebe. Erst jetzt war es ihr möglich, über den Rand der vergänglichen Welt hinauszuschauen und die himmlischen grenzenlosen Weiten des Ursprünglichen zu entdecken.

Solange sie im Netz des Unbewussten gefangen war, gab es für sie kein Auftauchen aus dem Vergänglichen. Sie war dem Leben unermesslich dankbar, dass eine himmlische Kraft sie zu Meister Wang geführt hatte. Der Meister führte ihr den himmlischen Sauerstoff zu, der es ihr ermöglichte, das Gitterwerk von Leben und Tod zu durchbrechen.

Ihr Vertrauen war immens. Sie war überzeugt, dass sie durch seine umfassenden Belehrungen das launische und wechselhafte Auf und Ab ihres Lebens auf der Erde endgültig überschreiten konnte. Die Schönheit und die Kraft dieser Möglichkeit beflügelten sie.

Meister Wang war die Macht des nicht wirken wollenden Wirkens. Er war ein Herrscher, der nie herrschte, er war das Richtmaß allen Seins im Nicht-Sein.

Meditativ schwamm sie fast geräuschlos durch den See. Sie fühlte sich geborgen, aufgenommen und umarmt vom kühlen Wasser, so empfand sie im Kern ihres Bewusstseinsgrundes.

Dieses himmlische Einwirken in ihr Sein schenkte ihr eine Leichtigkeit, die sie bis dahin nicht gekannt hatte. Sie schwebte durch das herrliche Wasser und fühlte sich sonderbar körperlos. Eine andere Wirklichkeit öffnete sich ihr. Spontan wurde sie gewahr, wie sie durch das Heraustreten aus der Einheit blind dem Außen vertraut und allen Erscheinungen im Bewusstsein Sinnhaftigkeit und Wirklichkeit zugestanden hatte. Sie hatte den mentalen Zuordnungen ihres spekulativen, organisierten Lebens ihre ganze Aufmerksamkeit geschenkt.

Sie erschrak heftig, als sie sich ihrer Empfänglichkeit für die bindenden Kräfte und ihrer unbeholfenen Leichtgläubigkeit bewusst wurde, als sie merkte, wie sich Unwirkliches mit Wirklichem in ihrem Leben vermischt hatte. In diesen Grauzonen hatte sich ihr ganzer Lebensweg ausgeformt und herangebildet. Diese Einsicht bewirkte einen heilenden Schock in ihr.

Ihr Körper schwamm durch den See, gleichzeitig schwamm ihr Innerstes zurück in die Einheit, in einen uferlosen Ozean aus Licht.

Sie hatte das Gefühl, dass sich durch die Begegnung mit dem Meister ein unsichtbarer Schalter in ihrem Leben umgelegt hatte und dass dies tiefe Erschütterungen in ihr ausgelöst hatte. Die kantigen Außenseiten ihres Lebens wurden geschliffen und abgetragen, etwas Unerklärbares, Unbekanntes und Undefinierbares begann tief in ihrem Innersten zu erwachen. Ihr war, als würden Hunderte Sonnen gleichzeitig in ihr aufgehen, um in ihrem Leuchten ihr wahres Sein sichtbar werden zu lassen.

Bisher hatte sie geglaubt, dass sie eines Tages dahin gelangen könnte, zu wissen, wohin sie gehen werde, wer sie sei und woher sie gekommen wäre. Nun sah sie, wie töricht dieses Wissenwollen war, dieses ganze Wissen, das eingegrenzt in Raum und Zeit war und die Transzendenz nicht berühren konnte. Durch Eigenwillen war das Tao nicht realisierbar, dies war ihr nun endgültig bewusst. In diesen Momenten spürte sie die Anwesenheit des Meisters stark, so stark, als stünde er direkt vor ihr.

Ihr Vertrauen in die Führungskraft des Ursprungs allen Lebens war tief, und ihr Heranreifen war ein stilles, unspektakuläres Einfügen ins Unergründliche. Sie fühlte, wie diese Einsichten alten Staub von ihrem Herzen wegfegten und Hunderte von Sorgen entfernten.

Als sie sich auf der anderen Seite des Sees dem Schilf näherte, schnatterten die Enten laut und aufgeregt, sie hatte sich ungewollt deren Nestern genähert. Es war ein klares Signal, dass sie den Lebensraum dieser Tiere respektieren und umgehend verlassen sollte, was sie auch unverzüglich tat.

Sie stieg aus dem Wasser und legte sich auf die Decke. Mit geschlossenen Augen ließ sie sich von Sonnenwärme durchfluten, die Sonnenkraft leckte die Feuchtigkeit von ihrer nassen Haut. In sich ruhend lag sie da, eine himmlische Kraft hatte in ihr eine neue Sicht auf ihr Leben freigelegt. Vieles war relativiert worden, unklare Ausschnitte ihres Daseins endgültig gelöscht.

Sie zog sich wieder an, packte die Decke in die Tasche und machte sich auf den Rückweg. Die blühenden Büsche um den Felsen im Wald hatten Besuch, unzählige Bienen flogen summend von Blüte zu Blüte. Die offenen Kelche hatten die Tiere eingeladen, und diese hatten die Einladung offensichtlich gerne angenommen. Die Blüten schenkten ihren Nektar, als Gegenleistung befruchteten die Bienen die Blüten.

Fräulein Li lauschte der summenden Klanglandschaft und bewunderte den unermüdlichen Fleiß dieser kleinen Lebewesen. Der Weg durch den Kiefernwald war ihr vertraut, sie war nicht in Eile. Immer wieder blieb sie stehen und lauschte dem fröhlichen Gesang der Vögel.

Zwischen Bäumen hindurch sah sie die Sonne wie einen riesigen, tiefroten Feuerball am Horizont versinken. Das sich verabschiedende Licht zauberte die feinsten und weichsten Farben an den Abendhimmel, der Sonnenuntergang zelebrierte sich selbst. Sanft ging der Tag in die Nacht über, die Schatten im Wald wurden länger und dunkler. Es war fast Nacht, als sie die Einsiedelei erreichte.

Meister Wang saß in der tief dunkelblauen Abenddämmerung auf seinem Stuhl vor dem Haus. Mit Steinen, die er aus der Umgebung geholt hatte, hatte er eine Feuerstelle errichtet, in der ein kleines, kontrolliertes Feuer züngelte und knisterte.

Fräulein Li grüßte ihn und setzte sich schweigend neben ihn ans Feuer. Er sah müde aus an diesem Abend. Ab und zu legte er mit äußerster Sorgfalt Holz in die Glut, offensichtlich wollte er verhindern, dass ein Windstoß Funken in den nahen Wald trug.

Er war sehr still an diesem Abend. Einmal sagte er mit leiser Stimme: »Das Alter macht den Körper müde, und irgendwann fließen die letzten Atemzüge durch ihn. Im Augenblick des Abschieds sollte das Bewusstsein weder von Freude noch von Trauer verfärbt sein. Wer sich innerlich frei von der Welt in die heilige Ordnung einfügt, vollendet und lebt im himmlischen Licht in dauerhaftem Frieden. Meine Zeit im Körper neigt sich dem Ende zu, Fräulein Li, bald werde ich in die leuchtende allumfassende Ordnung zurückkehren. Einem winzigen Stern gleich öffnet sich das innere Auge, und es sieht, dass dieser winzige Stern nie etwas anderes als das gesamte Sternenmeer war.«

Leise legte sich die Nacht über das Land, Myriaden leuchtender Sterne wurden am dunklen Nachthimmel sichtbar.

»Sehen Sie, Fräulein Li«, fuhr er fort, »wie sanft und fließend sich der Übergang vom Tag in die Nacht vollzogen hat und wie man am Tag nichts weiß von den unendlichen Weiten des Sternenmeeres, das man in der Nacht sieht. Der Tag ist so dicht, dass man die unermesslichen Tiefen der Nacht vergisst. Wenn die Nacht den Tag in Schatten hüllt, wandelt sich der Wahrnehmende mit dem Wahrgenommenen und das Heiße weicht dem Kühlen. Die Empfindungen wandeln sich mit dem Licht des Tages und der Dunkelheit der Nacht. Wenn der Tod das Leben umhüllt, wandelt sich das ganze irdische Dasein. Was als Leben mit dem Körper erlebt und empfunden wurde, wird mit dem Eintreten des Todes zerstört. Was jedoch unverhüllt ohne Form und Gestalt existiert, ist ewig. Deshalb: Wer stirbt, bevor er tot ist, hat sich in das ursprüngliche, ewig Seiende eingefügt, in die unergründliche himmlische Ordnung.«

Seine Worte hatten sich wie ein trüber Schleier über das Herz von Fräulein Li gelegt. Konnte es sein, dass ihr Meister, zu dem sie ihr Schicksalsweg geführt hatte, bald die Welt verließ? Dieser Gedanke bedrückte ihre Seele. Natürlich wusste sie um die Vergänglichkeit der Menschenstunden, doch wo blieb die himmlische Gerechtigkeit?

In den Wandlungen ihrer Gedanken suchte sie nach Antworten und Möglichkeiten, wie mit dieser unerwarteten Situation umzugehen sei. Sie konnte nicht anders und erklärte ihm ihre Gedanken und Sorgen. Mit gütigem Blick schaute er sie an und legte schweigend ein weiteres Stück Holz ins Feuer.

Der Ruf einer Eule durchdrang die Sternennacht, außer dem Knistern des brennenden Holzes war es still im Wald. Irgendwann sprach er und sagte: »Das Denken klebt an sichtbaren und vergänglichen Dingen, das Unsichtbare, Unergründliche bleibt ihnen verborgen. Löschen Sie diese sorgenvollen Gedanken aus Ihrem Bewusstsein und halten Sie mich nicht in Ihrer Gedankenwelt zurück. Das Verborgene, Unerforschliche ist das Schatzhaus des Tao, es fließt dem entgegen, der sich einmittet und leer ist. Das Haus, in dem ich hier wohne, ist innen leer und die

Objekte sind bloß Gedanken. Der Körper, in dem ich mich hier aufhalte, ist leer, die äußere, sichtbare Schicht ist bloß ein Gedanke, eine Vorstellung im Bewusstsein.

Worum, also, machen Sie sich Sorgen, um die Leere oder Ihre Gedankenkonstruktion, die bei näherer Betrachtung ebenfalls nichts als Leere ist? Erkennen Sie dies, Fräulein Li, durchschreiten Sie das Tor ins Unvergängliche! Der Tod wird einem durch das Leben bewusst, die Unendlichkeit durch die Endlichkeit.«

Die Weisheit des Meisters machte die junge Frau sprachlos. Sie war mit seinen Worten nach innen und nach außen gereist, seine Wortkraft hatte sie zurück in ihre Mitte gebracht. Intuitiv erkannte sie, dass die Leere, von der er sprach, vollkommen frei und abgelöst von allen Wortbegriffen, von allem Denkbaren und Erlebbaren war, sowohl auf der inneren als auch auf der äußeren Ebene des physischen Daseins. So wie das Holz im Feuer verbrannte, verbrannten die alten festgelegten Vorstellungen ihres eingeschränkten Sehens und Verstehens des physischen Lebens in der Welt.

Berge und Täler hatte sie durchwandert und nach der letzten Wahrheit gesucht, doch der ursprüngliche Weltengrund schien vor ihr zu fliehen und sich von ihr abzuwenden. Je intensiver sie versucht hatte, die unsichtbare Brücke zu finden und zu überqueren, desto mehr entschwand diese dem inneren Auge und ihrem Verständnis. Ihr war nun bewusst geworden, dass dieser innere Weg, auf dem sie sich so viele Jahre bewegt hatte, mit großen, hindernden moralischen Steinen gepflastert und ausgelegt war. Der Weg zurück und die unsichtbare Brücke waren nichts als Illusionen gewesen.

Diese schmerzhafte, ernüchternde Einsicht bewirkte einen weiteren Einbruch in ihr, doch genau durch diesen wurden die krummen, nach außen hallenden Kräfte begradigt. Ihr intensives Suchen nach äußerer Ordnung und Harmonie verpuffte in nichts und mündete in einheitlichem Nicht-Sein.

Vom Zeitpunkt an, da sie ihre festgeprägte Körperform durch ihre Eltern empfangen hatte, waren ihre Gedanken und Empfindungen unablässig damit beschäftigt gewesen, die Vorstellung zu verdichten, jemand oder etwas zu sein, und dieses Ich-Konzept in der Welt zu vertreten und aufrechtzuerhalten. Jemand sein zu müssen – dies wurde von der Außenwelt immer wieder gefordert und bestätigt. Dadurch wurde der Ich-Gedanke im Außen auch immer wieder neu aufgeladen, verstärkt, abgesichert und legitimiert.

Ihr wurde bewusst, wie sie ein Leben lang im erschöpfenden Dienst dieser Illusion gestanden hatte. Dass sie so lange in Dunkelheit gehüllt gewesen war, machte ihr zu schaffen. Diese begrenzende und ausgrenzende Weltansicht hatte sich im Laufe ihres Lebens ganz von selbst gebildet. Nun wurde ihr endlich klar, dass ihr wahres Sein immer vor diesem Überbau, der sie nie war, existiert hatte.

Und nun saß sie da vor diesem flackernden Feuer neben diesem außergewöhnlichen, gänzlich unfassbaren Menschen, diesem Symbol und Ausdruck himmlischer Reinheit. In diesen Momenten wurde ihr einmal mehr die Unantastbarkeit und Unnahbarkeit des Meisters voll bewusst. Gleichzeitig war er das Naheste und Vertrauteste, das ihr in ihrem Leben jemals begegnet war. Durch ihn war sie sich selbst begegnet.

Die inneren Knoten, durch die sie im Außen gebunden war, lösten sich allmählich auf. Zärtlich begegnete ihre Seele der himmlischen Quelle, aus der alles hervorquillt und in die alles wieder zurückfließt. Die Quelle, die Urgrund der Einheit ist, Geheimnis aller

Geheimnisse. Das Geheimnis menschlicher Transparenz und Lebendigkeit, das Geheimnis, das allem Leben innewohnt und alles Leben ist.

Der Meister erhob sich. In einem bauchigen Krug mit einem schönen, handgemalten Kranichmotiv holte er Wasser von dem moosüberwachsenen Brunnen, der etwas abseits von der Einsiedelei stand. Da das Wasser nur spärlich floss, konnte man das leise Plätschern beim Haus nicht hören. Oben im Wald lag die Quelle, die den Brunnen speiste. Das wenige Wasser, das aus dem Erdreich floss, reichte gerade, um die Bewohner der Einsiedelei zu versorgen. Mehrmals goss er gezielt Wasser über die heiße Glut, es dampfte, zischte und rauchte. Die Glut schien sich gegen ihr endgültiges Erlöschen zu beklagen und zu wehren.

Beim Gießen sagte er: »Die Elemente Feuer und Wasser sind nur im Bereich der Erscheinungswelt tätig und wirksam, doch beide haben ihren gemeinsamen Ursprung in der einen Kraft, aus der Himmel und Erde und alle Wandlungen hervorgegangen sind.

Ein gegenseitiges Erzeugen der Elemente findet im Nicht-Ich nicht statt, deshalb ruht der Weise in der großen Stille und kehrt sich nicht mehr nach außen. Das nach außen Gekehrte hat seinen Weg und seine Zeit; der im Nicht-Sein Erwachte lebt abgekehrt und unberührt von allen Wegen in der Zeit, ein Vermischen findet nicht mehr statt.«

Fräulein Li lag mit geschlossenen Augen wach im Bett und konnte einmal mehr nicht einschlafen. Unzählige Gedanken und Bilder pflügten sich unkontrollierbar ihren Weg durchs Bewusstsein. Der Machtbereich dieser rasanten, eigenständig ablaufenden Gedankenkräfte und Bilderfluten hatte ihr Dasein erobert. Sie war gezwungen, als Zuschauerin dieses ungewollte Spektakel in ihr zu betrachten, und sie fühlte sich versklavt von diesen rastlosen, sich ständig verändernden Bildern und Gedanken.

In der Hoffnung, diesem Treiben ein Ende zu setzen, öffnete sie die Augen und setzte sich auf die Bettkante. Starke Winde fegten übers Land, heftige Böen pfiffen und heulten um die Ecken der Einsiedelei und rüttelten an den ächzenden Bäumen, die von den Winden hin und her gerissen wurden. Die unsichtbaren Winde ließen sich von den Stunden des Tages und der Nacht nicht eingrenzen und festbinden, sie durchdrangen den Raum der Welt, in dem sie entstanden und sich entwickelten.

Die rohe Macht des Windes vermag Meere zu bewegen, Gebäude und Existenzen zu zerstören und selbst mächtige, alte Bäume zu entwurzeln. Sie ist wie ein vielseitiger, sich grenzenlos ausdehnender – rauer oder sanfter – Wunderteppich, ohne den das Leben auf der Erde nicht möglich wäre.

Auch mit offenen Augen waren ihre Gedanken nicht still geworden, doch mit dem Abflauen der Winde besänftigte sich allmählich ihr aufgewühlter Zustand. Sie legte sich wieder hin, ihre Augenlider wurden schwer. Die Welt schien sich in einem Punkt zusammenzuziehen, wo Wachen und Schlafen zusammentrafen und das eine nahtlos in das andere überging.

Am nächsten Morgen war ihr Körper matt und müde, Meister Wang erwartete sie bereits vor dem Haus und reichte ihr eine Tasse Tee. Er sah gleich, in welcher Verfassung sie sich befand, doch darauf ging er nicht ein und unterrichtete sie weiter im Wushu.

Bald war die Müdigkeit aus ihren Gliedern gewichen, Lebenskraft durchströmte ihren Körper, Chi-Kraft stärkte und harmonisiert ihn. Entleertes hatte sich im Nu gefüllt und ihre physische Brauchbarkeit wieder hergestellt. Schweres und Leichtes hatten einander vollendet. Am Ende des Unterrichts äußerte der Meister: »Wer vom Himmel ernährt wird, vergisst die Gestalt und bricht nicht mehr ins Trennende aus. Die Gestalt ist da, doch die Welt und ihre Einflüsse sind nicht mehr in ihr. Wer erwacht, ist leer und transparent. Wer vom Himmel ernährt wird, kümmert sich nicht um das Gewinnen oder Verlieren von Kämpfen. Was nützt es, durch Wushu sein Körperleben willentlich zu stählen und zu verlängern, wenn kein Selbstvergessen eintritt? Wer sich nach außen kehrt und sich mit der Gestalt identifiziert, hat den Sinn aus den Augen verloren, und wer sein Leben dem äußeren Kampf widmet, wird sterben. Nur wer alle Lebewesen gleichermaßen hoch schätzt, lebt außerhalb der Gegensätze im ursprünglichen Tao.«

Fräulein Li faltete ihre Hände, bedankte sich und äußerte den Wunsch, noch einmal einen Tag allein am See zu verbringen. Sie fühlte sich wie eine randvolle Tasse Tee, in der kein einziger Tropfen mehr Platz hat. Meister Wang hatte dies bemerkt und unterstützte ihre Idee. »Bleiben Sie im Fluss, Fräulein Li, damit Sie auf Ihrer

Reise in die Ferne Ihre Rückkehr klar erkennen können«, gab er ihr mit auf den Weg.

An diesem Morgen war der Himmel mit grauen, tiefhängenden Wolken bedeckt und das Licht im Wald diffus. Eine sonderbare Stimmung lag über der Gegend, was auch das Befinden der jungen Frau beeinflusste.

Die eigenartig schwere Atmosphäre raubte ihr die Motivation, im See zu schwimmen, doch sie war fest entschlossen, sich von dieser Stimmung nicht beeindrucken und sich von ihrem Vorhaben nicht abbringen zu lassen. Als sie am See angelangt war, zögerte sie keinen Moment, zog sich gleich aus und stieg ins kühle Wasser. Den Lichtverhältnissen entsprechend schien das Wasser an diesem Morgen stahlblau, kalt und eher unfreundlich. In unmittelbarer Nähe stand regungslos ein einsamer Silberreiher, der äußerst interessiert ins seichte Wasser starrte. Fokussiert hielt er nach möglicher Beute Ausschau. Keinen Augenblick ließ er sich durch die Anwesenheit der jungen Frau ablenken oder stören.

Beim Anblick dieses Vogels musste sie gleich an Meister Wang denken, wie er unter dem alten Baum Wushu praktizierte. Er war genauso fokussiert und nicht ablenkbar wie dieser Reiher. Nichts entging ihm im leeren Gewahrsein, in dem sich das äußere Schauen verflüchtigte.

Das Wasser war bedeutend kühler an diesem Morgen, meditativ schwamm sie durch den See, und plötzlich überkam sie wieder diese Leichtigkeit, dieses Empfinden, körperlos durchs Wasser zu gleiten. Es war kein weltentrückter Zustand, kein ekstatisches Abgehobensein im Geist, sondern absolutes Sein im Ursprünglichen.

Spontan besuchten sie die Worte des Meisters, die er ihr nach dem Wushu-Unterricht gesagt hatte, sie hallten wie ein klares, leuchtendes Echo in ihr wider: »Wer aus dem Himmlischen genährt ist, vergisst die Gestalt.«

Es war genau dies, was sie durch den See schwimmend erlebte. Sie hatte wiederum das starke Empfinden, er stünde in seiner grenzenlos kraftvollen Anwesenheit körperlos in ihrem Bewusstsein. Seine Worte hatten sich nicht an ihren Verstand gerichtet, sondern an ihr Innerstes, an das, was sich nie nach außen gekehrt hatte.

Allumfassende, allgegenwärtige Führungskräfte im Inneren leiteten Fräulein Li durch das äußere Wasser, sie war eins mit dem himmlischen Ozean. Ursprüngliche Kraft hatte ihr eine physische Gestalt geschenkt, sie nährte, behütete und durchdrang ihr Sein.

Langsam schwamm sie ans Ufer zurück und legte sich in tiefer Stille und Offenheit auf das Tuch. Ein auffrischender Wind trug den Geruch von Regen mit sich, doch Fräulein Li war von einer inneren Wärme durchglüht und blieb entspannt liegen. Bald hingen dunkle Wolken träge und tief am Himmel und verdeckten wie ein dichtes, mystisches Gewand die Sonne und den blauen Himmel.

»Genauso«, dachte sie, »verbirgt sich das Unergründliche und Ungeformte vor dem Geformten und Ergründbaren.«

Ein-Sicht in die Beschaffenheit der nach außen gekehrten Schattenwelt war der Schlüssel zum Durchdringen, und Weisheit war das himmlische Licht, das vermochte, die dichte Schattenwelt aufzulösen. Die Wandlung aus der Dunkelheit ins Licht bewirkte unmittelbares Einfügen ins ewig Ursprüngliche. Etwas fand statt, doch niemand war da, um zu wissen. Es war eine Erfahrung ohne einen Erfahrenden.

In wachem Gewahrsein ent-deckte die junge Frau, wie sich tief in ihr dieser unfassbare Wandel vollzog. Sie schaute zurück und sah nichts, sie schaute nach vorn, und da war nichts. Sie schaute ins Heute, da war nichts als uferlose Leere. Ein Fenster hatte sich weit geöffnet, sie schaute hindurch und sah nichts als erhabene Leere, eine Leere, in der sie sich geborgen und beheimatet fühlte.

Ihre empfindsam geläuterten Augen sahen die Welt und ihren Körper in einem neuen Licht, in einem Licht, das unabhängig vom Vergänglichen existierte. Ein Teil ihres alten, nach außen gekehrten Firmaments war in ihr zerbrochen, doch noch waren nicht alle zeitgebundenen Kräfte und Symbole ihres Daseins weggeschmolzen. Sie musste noch heranreifen, bis alles Vergängliche und Sterbliche restlos in ihr verbrannt war. Die große Ordnung hatte sie zwar aufgenommen, doch sie war noch nicht im Ewigen gefestigt.

Alte Kräfte, die in sentimentalen Sehnsüchten, Hoffnungen und unerfüllten Wünschen gebunden waren, waren immer noch in ihr aktiv und wirkten wie Treibsand im Bewusstsein. Alte Gewohnheiten streckten sich immer noch nach außen den Leid erzeugenden Geschichten zu, dessen war sie sich bewusst. Ohne die Leuchtkraft und die Belehrungen des Meisters konnten diese gebundenen Magnetkräfte weder erlöst noch überwunden werden, das war ihr klar.

Sie kleidete sich an und wollte nun schleunigst zur Einsiedelei zurück, denn das Wetter verschlechterte sich rasch. Sorgfältig faltete sie die Decke, stopfte sie in die enge Tasche, und gerade in diesem Augenblick öffnete der Himmel seine Schleusen. Mit unbändiger Wucht ging ein Platzregen auf das Land nieder. Wie Tränen floss das Wasser geräuschvoll von den Blättern der Bäume und Büsche und versickerte in der durstigen Erde. Der Himmel weinte, und die Erde seufzte erleichtert über dieses willkommene Geschenk.

Innerhalb kürzester Zeit waren ihre Kleider und ihre langen Haare klatschnass, und auch die Stofftasche mit der Decke war durchtränkt. Nirgends gab es einen Unterstand oder einen Schutz, deshalb setzte sie sich im strömenden Regen auf einen Stein in der Nähe des Ufers. Der Regen klatschte auf die Oberfläche des Sees und wurde unmittelbar von ihm aufgenommen. Im Moment der Berührung mit der Wasseroberfläche hörte der Tropfen auf, ein Tropfen zu sein, und wurde eins mit der Wassermasse.

Ein scharfer, kühler Wind kräuselte die Oberfläche des Sees, das Schilf am anderen Ufer beugte sich tief unter dieser Naturkraft, auch der fröhliche Gesang der Vögel war verstummt.

Still und geduldig warteten sie in Büschen und Bäumen auf die Beruhigung des Sturms und das Ende des sintflutartigen Regens.

Unter diesen Wetterbedingungen war eine Rückkehr durch den Wald undenkbar. Es war eine sonderbare Erfahrung, so allein und schutzlos im Wald auf einem Stein zu sitzen und den machtvollen Elementen ausgeliefert zu sein. Trotz des Waltens unbändiger Naturkräfte herrschte eine grandiose, urzeitliche Ruhe, selbst die Farben in der Natur schienen sich dieser Ruhe anzupassen.

Fräulein Li saß da und war in ein sanftes Leuchten eingehüllt, frei von Ängsten, Sorgen und Bedenken. Sie war einfach da und empfand unermessliche Glückseligkeit. Sie fühlte sich sonderbar entfremdet von ihrer äußeren Gestalt, auch die Verwurzelungen mit der Erde existierten in diesen Momenten nicht. Sie erlebte sich selbst und fühlte sich älter als Himmel und Erde, die aus einem undenkbaren, nicht erkennbaren Urgrund emporgestiegen waren. Ihr Sein war in Übereinstimmung mit dem himmlischen Tao, doch das zu Vollendende war noch nicht vollendet.

Endlich ließ der Regen nach. Zögernd begannen die ersten Vögel zu zwitschern und lauschten auf Antwort ihrer Artgenossen. Ihr Rufen war durchdringend und penetrant, Fräulein Lis Lauschen still und dicht.

Der Waldboden war vom Regen aufgeweicht und glitschig, dies gestaltete ihren Rückweg beschwerlich. Von den Bäumen tropfte Wasser auf sie, doch das störte sie nicht, sie war ja bereits völlig durchnässt und empfand deshalb die Tropfen als eine Segnung des Waldes. Sie fühlte eine unerklärliche mystische Verbundenheit mit den Bäumen, diesen uralten Lebewesen.

Eine Schar aufgeschreckter Vögel flatterte auf und davon in den grauen Himmel, ihre lauten, aufgeregten Schreie durchrissen die Stille. Als Fräulein Li endlich den schroffen Felsen erreichte, war sie froh, denn nun war es bis zur Einsiedelei nicht mehr so weit.

Meister Wang hatte vor dem Haus auf sie gewartet und ging auf sie zu, als sie die Lichtung betrat. Fürsorglich legte er ihr eine warme Decke um die Schultern, nahm sie am Arm und führte sie ins Haus.

»Sie sind ja völlig durchnässt, Ihr Körper ist unterkühlt; ich werde Ihnen gleich ein warmes Getränk zubereiten«, sagte er.

Nachdem sie ihre Kleider gewechselt

hatte, beharrte er darauf, dass sie sich auf einen Stuhl dicht neben den Ofen setzte. Die Wärme des Feuers durchflutete wohlig ihren Körper. Inzwischen hatte er ihr einen speziellen Tee zubereitet. Damit sie nicht krank werde, erklärte er. Die Teemischung hatte es in sich, sie musste sich überwinden, dieses Gebräu zu trinken. Er saß neben ihr, lächelte und meinte: »Gewiss, dieser Tee ist kein Hochgenuss, aber seine Heilkraft ist außerordentlich. Es ist sicher besser, jetzt diesen Tee zu trinken, als krank zu werden, meinen Sie nicht auch? Sie waren lange dem Regen und dem kalten Nordwind ausgesetzt, trinken Sie, der Tee wird Ihnen bestimmt guttun.

Erzwingen Sie nichts in Ihrem Leben, Fräulein Li, denn wer das Gelingen erzwingen will, erleidet Schaden. Die Kräfte des Lebens selbst verhindern Misslingen, wenn man sich nicht einmischt. Es bedarf einer inneren Wachheit, um zu erkennen, wie sich alles von selbst vollendet und dass in Wirklichkeit nie etwas außerhalb der Vollendung existiert hat.

Übrigens gibt es da noch etwas, das ich gerne mit Ihnen besprechen möchte. Jedes Jahr um diese Jahreszeit besuche ich meinen Bruder. Er ist ein Mönch und lebt auf der anderen Seite des Berges in einer Pagode bei einem Fluss. Wenn Sie möchten, können Sie mich begleiten.«

Die junge Frau war zutiefst überrascht von dieser unerwarteten Einladung und auch von der Tatsache, dass er einen Bruder hatte. Bisher hatte Meister Wang kein einziges Wort über sein Leben und seine Familie verloren. Sie hatte sich darüber bereits ihre Gedanken gemacht, doch sie empfand es als respektlos und unhöflich, dem Meister solche persönlichen Fragen zu stellen.

Sie bedankte sich für die Einladung und sagte, ohne zu zögern, dass es für sie eine Ehre sei, ihn begleiten zu dürfen. Er nickte und sagte: »Gut, dann werden wir uns bald auf den Weg machen.«

Im Gleichgewicht des Nicht-Seins

Zwei Tage später traten sie im ersten Morgenlicht die Reise an. Der Wind rauschte sanft durch den Kiefernwald, der Himmel war mit einigen grauen, schweren Wolken verhangen, die vom Wind sachte westwärts geschoben wurden. Meister Wang hatte ihr bereits erklärt, dass es ein Tagesmarsch bis zum Fluss sei und der Weg stellenweise steil und beschwerlich.

Sie schritten durch den lichtdurchfluteten Wald, die Wolken waren inzwischen verschwunden. Unten im Tal sah Fräulein Li zwischen den Bäumen die grünen Reisfelder und auf der anderen Seite des Flusses den Bambuswald, aus dem sie vor einigen Tagen Holz zum Bauen geholt hatten.

Je weiter sie gingen, desto enger und steiler wurde das Tal, auch die Vegetation wurde zusehends karger und steiniger. Fräulein Li lauschte in die einsame, stille Gegend. Die brüchigen hohen Steinwände, an denen sie entlanggingen, waren uralt, nirgends gab es einen Pfad. Vorsichtig bewegten sie sich über steil abfallende Geröllhalden und wichen größeren Steinen und dornigen Büschen aus. Immer wieder mahnte der Meister zu Vorsicht und Achtsamkeit.

Wie graues, schütteres Haar wuchsen vereinzelt verkümmerte Büsche aus den Ritzen der Steinwände. Sie sehnten sich nach Licht, doch dieses vermochte die schattigen Felswände nur spärlich zu berühren.

Abertausende von einsamen Tagen und Nächten hatten diese gewaltigen Felswände stumm dagestanden und allem Wetter getrotzt. Nichts schien sich in dieser Gegend zu regen, selbst das Sonnenlicht mied den schattenhaften Ort, und auch das bleiche Mondlicht vermochte den Talgrund nicht zu berühren.

In dieser rauen und leeren Gegend lösten sich alte verkrustete Schichten im Bewusstsein von Fräulein Li, sie schossen in ihr hoch und lösten sich auf, als ob es sie nie gegeben hätte, Uraltes starb aus ihr.

Nie war sie gänzlich frei von Erwartungen und Hoffnungen gewesen, nie frei vom subtilen Druck verschiedener Ansprüche und Erwartungen, die an sie gestellt worden waren. Sie fühlte sich manipuliert. Ein leiser Zorn kroch in ihr hoch, sie war wütend, wütend auf sich selbst, wütend, dass sie die ganzen Jahre mit verklebten Augen durchs Leben gewandert war.

Meister Wang hatte die düstere Stimmung, in die sie abgerutscht war, aufgenommen, ihm entging wirklich nichts. Mit sanfter Stimme sagte er: »Seien Sie vorsichtig, Fräulein Li, vor uns liegen viele glitschige Steine, treten Sie fest auf, damit Sie nicht abrutschen. Lassen Sie das Gestern hinter sich, im Gestern können Sie nichts mehr verändern. Wer das Gestern, das Morgen und das Heute loslässt, dem öffnet sich das Tor ins heilige Tao. Die Rückkehr erfordert Geduld, doch was sich erfüllen will und vollendet, ist ein Geheimnis, das man weder wissen noch verstehen kann. Verschließen Sie sich nie, durchdringen Sie mit klarem Blick das, was Sie nicht sind. Leben Sie aus der himmlischen Kraft der weiten Großherzigkeit des ewigen Seins. Kein Schatten vermag das himmlische Licht zu beherrschen.«

Seine Worte katapultierten Fräulein Li unmittelbar aus ihrer Trübsal und fügten das, was in Unordnung geraten war, wieder in die Ordnung ein. Ihre Augen füllten sich mit Tränen der Dankbarkeit.

Der Weg über die Geröllhalden war schwierig und ermüdend. Fräulein Li war erleichtert, als sie endlich am Ende des langen Tals angelangt waren. Aus unerklärlichen Gründen fühlte sie sich genau an diesem Reisetag physisch geschwächt, doch sie riss sich zusammen und bündelte ihre Kräfte. So gelang es ihr, diese Schwäche zu kontrollieren und schließlich zu überwinden.

In der Kargheit und Regungslosigkeit dieses Ortes schien sich die kreative, schöpferische, Leben erschaffende Kraft auszuruhen, aber diese tot scheinende Gegend hatte ebenfalls ihre eigene jahrhunderttausendealte Lebensgeschichte.

Der Meister zeigte in die Höhe und erklärte: »Diesen Berg da vorne müssen wir noch überqueren, auf der anderen Seite befindet sich der Fluss und das Fischerdorf, in dem wir übernachten werden. Am nächsten Tag reisen wir auf einem Frachtschiff zur Pagode.«

Sie setzten sich auf einen kühlen Stein und ruhten sich eine Weile aus, bevor sie den Aufstieg in Angriff nahmen. Der Meister öffnete die Tasche, die er über seiner Schulter hängen hatte, und nahm eine Kleinigkeit zum Essen heraus und auch ein Einmachglas mit Schraubverschluss, in dem er den Tee mitgenommen hatte.

Aus alten Trinkschalen aus dunklem Holz tranken sie den Tee. Der Meister schlürfte laut und meditativ und Fräulein Li musste innerlich lachen. Sie hatte den Eindruck, dass sein lautes Schlürfen die ganze Gegend aufweckte und selbst den harten Stein durchdrang und aufweichte.

Er schien über etwas nachzudenken, das ihn beschäftigte, das konnte sie fühlen. Dann drückte er seine Gedanken in Worten aus. Er sagte: »Menschen jagen ständig dem Erfolg nach, nie dem Misserfolg. Unermüdlich suchen sie nach Gleichgesinnten mit demselben Erfolgshunger, um sich mit ihnen zu messen oder zu verbünden. Sie suchen nach Übereinstimmungen im Strombett der Welt. Erfolg macht den Menschen scheinbar glücklich, und er lässt Hochgefühle in ihm entstehen, während Misserfolg ihn traurig und unglücklich stimmt. Wer in diesen Spannungsfeldern gefangen ist, lebt am Ursprünglichen vorbei. Er wendet sich nach außen und verliert das innere Gleichgewicht, er verlässt die Ordnung und begibt sich ins Chaos. Wünsche und Gier bauen Unruhe, starke Bindungen und Verstrickungen auf, während Wunschlosigkeit frei von Gier und Wunschkraft ist. Nur der Wunschlose fließt aus dem Chaos in die große Stille zurück. In der Stille wird das Kommen und Gehen, das Gewinnen und Verlieren durchschaut als eine leidvolle, nach außen gekehrte Illusion.

Wer sich Wunsch- und Gierkräften aus-
liefert, erlebt Ängste, Verwirrung und Leiden. Wer über sein inneres und äußeres Leben
hinaussieht und sich über diese Begrenzungen
erhebt, wird vom Unvergänglichen ergriffen
und kehrt in die große Ordnung zurück.

Leben fließt unaufhörlich durch alle Sin-
nesorgane und wird durch diese gefiltert, ver-
dichtet und ausgeformt. Dadurch entsteht
und formt sich das innere Wesen, das glaubt,
Äußeres zu sein und zu erleben.

Die Welt besteht aus Momenten der Ewigkeit, in der alles gleichzeitig sichtbar ist, doch
alles Sichtbare basiert auf etwas Unsicht-
barem. Beide, sowohl das Sichtbare wie auch
das Unsichtbare, fließen ins Vorweltliche
zurück, wenn der Mensch reif ist, dort ein-
zutauchen, wo nie ein Moment oder ein Einzelwesen existiert hat.«

Festen Schrittes stiegen sie langsam einen steilen, steinigen Hang empor und legten immer
wieder kurze Pausen ein. Eine Weile gingen
sie quer zum Berg, sie mussten einen riesigen,
überhängenden Felsvorsprung umgehen.

Die öde Gegend besaß ihre eigene Schönheit und Kraft, etwas Asketisches haftete an
ihr. Sonnenlicht beleuchtete den Bergkamm,

wo mehrere kräftige Laubbäume standen. Das Leuchten der sattgrünen Blätter zeugte von intensiver Lebendigkeit in dieser kargen, tot scheinenden Gegend. Der anstrengende Aufstieg zog sich in die Länge. Bissige Windböen jagten den Berg entlang und erzeugten dunkle, heulende Töne. Schweigend stiegen sie dem Grat zu und lauschten den jaulenden Gesängen des Windes, dessen Sprache die Menschen nicht verstehen konnten. Inzwischen hatte sich der Himmel wieder wie ein mächtiger Vorhang mit Wolken verschlossen.

Der Meister beschleunigte seine Schritte, Fräulein Li ging still hinter ihm her. Einmal mehr spürte sie die helle, allumfassende Kraft des Meisters, diese himmlische, unermesslich lebendige Regungslosigkeit, in die sie in seiner Anwesenheit immer wieder eintauchte.

Wenn er sprach, waren seine Worte manifestierte Stille. Wenn er sprach, kehrte er sich jedoch nicht nach außen und vermischte sich mit nichts. Er ruhte im geheimen Leben und wahrhaft war er eine schweigende himmlische Macht. Sämtliche Zeitalter waren in ihm, doch sie berührten ihn nicht; das Licht, das von ihm ausging, transformierte alle Form.

Endlich waren sie nach dem mühsamen Aufstieg oben angelangt, und Fräulein Li staunte, als sie auf der anderen Seite des Berges ins Tal schaute. Tief unten sah sie einen dunkelblauen Fluss, der sich unruhig durch die Landschaft schlängelte. Auf der anderen Talseite ragte ein imposanter Berg in die Höhe. Wasserfälle stürzten aus schwindelerregenden Höhen donnernd in die Tiefe. Die Ebene unten im Tal war beidseitig des Flusses fruchtbar, bebaute Äcker und blühende Bäume schmückten die Landschaft. Sie erkannte ein paar Häuser, die nah am Wasser standen, sie gehörten wohl zu dem Dorf, zu dem sie hinwollten. Das Dorf selbst konnte man jedoch von hier oben noch nicht sehen.

Meister Wang erklärte: »Das Dorf unten am Berg heißt Luang, dort werden wir übernachten.

Wissen Sie, Fräulein Li, hinter diesem gigantischen Berg auf der anderen Seite des Tals breitet sich eine schier unendliche Bergwelt aus. Vor vielen Jahren war ich für mehrere Monate auf Wanderschaft in dieser wilden und unberührten Gegend und habe dort zu meinem Erstaunen einige Einsiedeleien entdeckt. Zwei von ihnen waren bewohnt, die anderen leer und verlassen.

Die Zeit naht, da ich diese Welt verlassen werde, dieser Körper war mir stets ein guter und treuer Weggefährte. Bald werde ich mich in eine dieser verlassenen Einsiedeleien zurückziehen und, wenn es so weit ist, mich in Stille von dieser Welt und meinem Körper verabschieden.«

Seine ruhigen, emotionsfreien und ursprünglichen Worte trafen das Innerste der jungen Frau, wie Feuerstrahlen brannten sie sich in ihre Seele. Obwohl die Macht des reinen Lichts ihr Leben durchflutete, schrie ihre Seele schmerzerfüllt. Der Gedanke an den letzten und endgültigen Abschied vom Meister wühlte sie zutiefst auf.

Was konnte sie tun, um den Abschied zu verhindern oder zumindest hinauszuzögern? Sie schämte sich wegen ihrer egoistischen Gedanken und musste sich einmal mehr eingestehen, dass die Fangarme der Welt sie noch nicht freigelassen hatten. Himmel und Erde hatten sich noch nicht im harmonischen Eins-Sein vereinigt.

Beim Abstieg gelangten sie zu einem Ort, an dem viele kleinere und größere bizarr anmutende Steine herumstanden. Wie uralte, reglose Gestalten verharrten sie geduldig an ihrem vorbestimmten Platz. Dieser Ort war erfüllt von einer besonderen Atmosphäre. Beim genaueren Hinsehen entdeckte Fräulein Li, dass sich vor diesen Steinen kleine Opferschalen aus Messing oder Ton befanden.

Der Meister blieb stehen und erläuterte: »Dieser Ort ist für die Menschen der Gegend ein heiliger Ort. Sie glauben, dass Götter und Geister in diesen Steinen wohnen und dass auch ihre Ahnen sich gerne hier aufhalten. Ihrem Glauben gebührt Respekt, denn er hat seine Richtigkeit. Die ganze Natur ist belebt, und die Ahnen sind nah. Doch, Fräulein Li, man sollte nicht im Tal von Leben und Tod verweilen und in äußeren Aktivitäten steckenbleiben. Die Welt ist reines, geistiges All-Sein, wer in ihr handelt, verdirbt sie, und wer sich zurücknimmt, kehrt ins Tao zurück.

Bevor sich etwas gestaltet und Form annimmt, ist das Tao, es ist vor dem Anfang der Welt und aller Form. Doch das Tao ist auch Mutter und Vater der Welt.«

Ein elsternähnlicher Vogel krächzte unermüdlich und laut im Geäst eines knorrigen, blätterlosen Busches. An einem der kahlen Äste hingen einige zartrote Blüten. Sie waren wie ein Schrei oder ein Zeichen des Buschs, dass noch Leben in ihm steckte.

Sie folgten einem schmalen, steinigen Pfad zwischen saftig grünen Laubbäumen nach unten ins Tal. Ein harziger, wohlriechender Duft hing in der Luft. Eine Weile folgten sie einem Bach, dessen frisches Wasser sich zischend und stäubend seinen Weg den Berg hinunter bahnte. Ungeduldig sprudelte das Wasser dem Talgrund zu, um sich mit dem Fluss, der die Ebene durchfloss, zu vereinigen.

Am späten Nachmittag durchquerten sie eine Graslandschaft, Insekten schwärmten hoch und flogen aufgeschreckt durch ihre Schritte davon. In der Nähe des Flusses arbeitete ein Bauer mit einem Wasserbüffel in einem Reisfeld. Nach einem weiteren anstrengenden Marsch erreichten sie schließlich ihr Tagesziel, das kleine Dorf Luang.

Die Pagode am Fluss

In der letzten Nacht hatte es in Luang wohl heftig geregnet, überall standen Pfützen, und es war kühl. Meister Wang schritt über die matschige, aufgeweichte Dorfstraße zu einem zweistöckigen Gebäude mitten im Ort, es war das einzige Wirtshaus im Dorf, das auch Übernachtungsmöglichkeiten für Gäste bot. Verwunderte und interessierte Blicke begleiteten sie, es kam wohl eher selten vor, dass Fremde nach Luang kamen.

Der Meister stieß eine Holztür auf, und über eine hohe Schwelle betraten sie das Wirtshaus. Ein strenger Fischgeruch lag schwer im Raum. In einer Ecke saßen mehrere Männer an einem Tisch und diskutierten miteinander, sie drehten sich kurz um, begrüßten freundlich die Neuankömmlinge und sprachen gleich weiter. Wie sich herausstellte, waren sie alle Fischer; die Bauern waren von ihrer Feldarbeit noch nicht ins Dorf zurückgekehrt.

Ein korpulenter Mann erhob sich vom Tisch und stellte sich kurzatmig vor: »Guten Tag, ich bin der Wirt, was kann ich für Sie tun?«

»Wir hätten gerne etwas zu essen und zwei Zimmer für eine Nacht«, antwortete der Meister.

»Aber gerne«, erwiderte der Wirt, »wir haben freie Zimmer, doch das Essen sollten Sie gleich bestellen, meine Frau schließt bald die Küche.« Mit diesem Vorschlag waren sie einverstanden. Der Wirt verschwand hinter der Theke durch eine Tür und kam bald mit seiner besseren Hälfte zurück, einer älteren zierlichen Frau, die sich freute, für die fremden Gäste etwas zu kochen.

Dann führte der Hausherr die beiden eine steile, dunkle Holztreppe hoch ins Obergeschoss und öffnete die Türen von zwei Zimmern. »Nehmen Sie dieses Zimmer hier, junge Frau«, sagte er wohlwollend, »es ist ein bisschen größer als das andere nebenan. Schauen Sie, dort hinter der letzten Tür am Ende des Korridors sind das Bad und die Toilette.«

Als Fräulein Li die Staubschicht auf den wenigen Möbeln sah und den muffigen Geruch einatmete, wusste sie, dass in diesem Zimmer schon sehr lange niemand mehr übernachtet hatte. Sie öffnete das Fenster zum Hinterhof und schaute hinaus. Genau unter ihrem Fenster grunzten drei große, fette Schweine, sie waren in ein enges Gehege gepfercht und wälzten sich genüsslich im Schlamm einer Pfütze. Außerhalb des Geheges schnatterten Enten, und aus einem offenen Stall äugte ein alter Wasserbüffel.

Fräulein Li dachte: »Alle diese verschiedenen Körper sind Körper der einen großen Natur, und auch mein Körper ist Teil von diesem gigantischen einheitlichen Organismus, in dem alles interaktiv und vernetzt existiert und funktioniert. Alles Leben ist gleichwertig.«

Nachdem sie sich frisch gemacht hatte, ging sie mit dem Meister nach unten. Sie setzten sich an einen Tisch, den ihnen der Wirt reserviert hatte. Inzwischen war das Wirtshaus voll besetzt. Kaum hatten sie Platz genommen, kam die Wirtin auch schon mit dem Essen. Es ging nun ziemlich hoch her, einige Fischer unterhielten sich lautstark und aufgebracht am Tisch neben Fräulein Li und Meister Wang.

Nach dem Essen begab sich der Meister zu ihrem Tisch, grüßte sie höflich und fragte: »Wir müssen morgen den Fluss hinunter bis zur großen Pagode. Wisst ihr, wann das Frachtschiff morgen in Luang anlegt?«

Plötzlich war es still im Wirtshaus, alle waren gespannt darauf zu erfahren, was der Fremde von den Fischern wissen wollte.

Ein jüngerer Mann antwortete gleich: »Das Frachtschiff wird morgen nicht nach Luang kommen, erst in fünf Tagen wieder. Doch ich weiß, dass das Schiff morgen um die Mittagszeit weiter unten am Fluss in mehreren Dörfern anlegen wird. Wenn Sie möchten, könnte ich Sie mit meinem Boot dorthin bringen.« Der Meister war erleichtert und dankte ihm für den guten Vorschlag. Sie handelten einen Preis aus, doch der Meister gab ihm mehr, als der junge Fischer verlangt hatte. Dies überraschte ihn, und er bedankte sich mehrmals herzlich.

Sie vereinbarten, dass sie sich vor Sonnenaufgang unten am Fluss bei den Booten treffen wollten. Bevor sich der Fischer verabschiedete, teilte er noch mit, dass sein Bruder auch dabei sein werde, da sich das Boot nicht alleine navigieren lasse.

Still und leise brach die Nacht herein und senkte sich schwer über das Land. Fräulein Li lag mit offenen Augen im Bett und schaute den Gedanken zu, die sich von selbst aussäten; Samenkräfte aus schier endlosen zeitgebundenen Verkettungen brachen unkontrollierbar aus der Kammer des Unbewussten hervor. Dies beunruhigte sie nicht, sie lag bloß als

Zuschauerin dieser Abläufe da und beobachtete die unruhigen Gedankenschwärme, die es dem Schlaf unmöglich machten, seine weichen Arme nach ihr auszustrecken.

Sie ruhte in sich und vermischte sich nicht mit diesen Gedankenkräften und den diffusen Gefühlen in deren Schlepptau. Sie hatte erkannt, dass das Haus des Lebens und des Todes seine eigene Größe hat und dass alles, was in ihm heranwächst und gedeiht, aus Gedanken, Gefühlen, Worten und Handlungen entsteht. Alles, was so gedieh, breitete sich im ganzen Lebensgebäude aus und überwucherte es. Irgendwann besänftigte sich der Gedankenstrom von selbst, und sie schlief gelöst ein.

Es war noch dunkle Nacht, als sie frühmorgens das Haus verließen. Fahles Mondlicht ließ schemenhaft den Weg zu den Booten erkennen. Der Fischer und sein Bruder waren schon da und begrüßten ihre Gäste. Über ein schmales Brett stiegen sie in eine alte Dschunke mit einem braunen, verwitterten Segel. Die Fischer hatten für diese besondere Fahrt das Boot besonders sauber geschrubbt, wie sie stolz erklärten, doch der penetrante Fischgeruch war ins Holz eingeätzt und ließ sich nicht mehr entfernen.

Dass der Meister ihm das Reisegeld bereits am Vortag übergeben hatte, war ein Vertrauensbeweis, der diesen jungen Mann tief berührt hatte, das konnte man an diesem Morgen an seinem Verhalten sehen und spüren. Mit tiefem Respekt und ausgesuchter Höflichkeit hatte er Fräulein Li und den Meister an Bord begrüßt. Er legte großen Wert darauf, dem Meister vor der Abfahrt mitzuteilen, dass er zum Schutz für diese Fahrt dem Flussgott ein Opfer dargebracht habe.

Der Wind füllte das flatternde Segel, die Strömung flussabwärts war beachtlich. Still glitt die Dschunke übers Wasser durch die Dunkelheit. Die Bäume am Ufer waren nur als schattenhafte dunkle Umrisse erkennbar, und es war ziemlich kühl. Die Fischer kannten jede Biegung, jede Sandbank, jeden Baum und jeden Felsen, es waren ihre Orientierungspunkte zum Navigieren.

Der Tag dämmerte friedlich herauf, das Tageslicht machte eine liebliche Landschaft sichtbar. Sie kamen an einem kleinen Dorf vorbei, vor dem mehrere flache Boote nah am Ufer schwammen. Auf dem Bug der Boote saßen mehrere Kormorane, die ungeduldig auf ihren Einsatz warteten, sie waren speziell für das Fischen trainiert worden. Die Kormoranfischer ruderten langsam den Fluss hinunter und winkten den Fischern auf der Dschunke zu. Einige freundliche Worte wurden ausgetauscht, es war offensichtlich, dass sie sich kannten.

Nach mehreren Stunden gelangten sie mit Verspätung an ihr Ziel. Im Hafen des großen Dorfes, das direkt am Fluss lag, herrschte reger Betrieb. Der junge Fischer stand aufgeregt im Boot, und sein Bruder beeilte sich, die Dschunke an einem freien Steg festzubinden.

»Schauen Sie, dort liegt das Frachtschiff, die werden gleich losfahren«, sagte er nervös, sprang vom Boot und spurtete zum Frachter. Es gelang ihm, den Kapitän, der breitbeinig auf Deck stand, davon zu überzeugen, noch einige Minuten zu warten und seine zwei Gäste mitzunehmen. Missmutig nickte der Kapitän und willigte ein.

Nachdem sich der Meister und Fräulein Li vom Fischer und seinem Bruder verabschiedet hatten, begaben sie sich eilig zum voll beladenen Frachter. Ungehalten begrüßte sie der Kapitän und forderte in barschem Ton das Reisegeld. Er war offensichtlich ein launischer Geselle. Fräulein Li und der Meister setzten sich auf zwei Stühle, die ihnen ein

Besatzungsmitglied vorne am Schiffsbug hingestellt hatte.

Die Ursprünglichkeit der Natur in dieser unberührten Gegend war beindruckend. Hier fühlte man die Bewusstheit, die All-Gemeinsamkeit aller existierenden Dinge. Offensichtlich hatte es vor kurzem stark geregnet, die Blätter der Bäume schienen noch grüner und die Blumen am Flussufer noch leuchtender. In dieser zärtlichen Schönheit zeigte das Tao die Außenseite seiner prachtvollen Weisheit und Kraft, der alles zugrunde liegt. Ohne zu handeln und ohne Absicht quoll alles hervor und kehrte dann unbekümmert ins Unfassbare, Ursprüngliche zurück.

Die Gegend wurde zusehends felsiger, bald türmten sich zu beiden Seiten des Flusses hohe, schroffe Felswände auf. Das Frachtschiff hatte die gefährliche Schlucht, von welcher der Meister Fräulein Li bereits erzählt hatte, erreicht. Unbändige Wassermassen zwängten sich donnernd durch die enge Schlucht, und bei diesem Anblick wurde es Fräulein Li mulmig zumute. Als sie in die Schlucht fuhren, hörten sie die raue Stimme des Kapitäns, lautstark gab er dem Steuermann präzise Anweisungen, denn die Fahrt durch diese wilde Schlucht war alles andere als einfach. Manchmal zog es das

Schiff durch starke Wasserwirbel bedrohlich nah an die Felsen, doch der Steuermann meisterte alle heiklen Situationen.

Die tiefe und zerklüftete Schlucht war in kühle Schatten gehüllt, und die Durchfahrt dauerte viel länger, als sich Fräulein Li vorgestellt hatte. Plötzlich und unerwartet stand der Kapitän neben ihnen, sie erschraken, denn sie hatten ihn nicht kommen hören. Das monotone Stampfen des Schiffsmotors, das in der Schlucht widerhallte, zusammen mit den gurgelnden und zischenden Geräuschen des schnell dahinziehenden Wassers hatten dies verunmöglicht.

Wortlos reichte er ihnen eine Tasse mit heißem Tee und verschwand gleich wieder. Sie kamen gar nicht dazu, sich bei ihm zu bedanken, doch Meister Wang beugte sich zu Fräulein Li hinüber und äußerte: »Sehen Sie, man sollte stets darauf achten, nicht mit Worten Unordnung zu schaffen oder Menschen in Gedanken voreilig zu beurteilen, sie zu verurteilen.«

Dann änderte sich die Landschaft, die hohen, schroffen Felsen machten einem breiten, fruchtbaren Tal Platz, und auch das Wasser floss nun gemächlicher, denn das Flussbett war hier breit. Dreimal ertönte das Schiffshorn laut und schrill als Dank an den Flussgott, dass er sie auf der Fahrt durch die Schlucht beschützt hatte.

Nun glitten sie von warmem Sonnenlicht umarmt an Dörfern und kleinen Tempeln vorbei, und als die Sonne sachte ihre Strahlen aus dem Land zurückzog und die Schatten länger wurden, deutete der Meister mit einer Handbewegung nach vorne: »Schauen Sie, da liegt unser Ziel.« Fräulein Li sah eine große fünfstöckige Pagode, die wie ein geistiger Leuchtturm in der Landschaft stand. Sie freute sich darauf, den jüngeren Bruder des Meisters kennenzulernen. Als sie von Bord gingen, kam der Kapitän, um sich kurz zu verabschieden, und schon tuckerte der Frachter weiter flussabwärts.

Der Mönch Deng

Ein schmaler Weg führte vom Fluss zur Pagode. Bald erreichten sie den großen Platz, der mit grauen, glatten Steinplatten ausgelegt war. Staunend stand Fräulein Li vor diesem grandiosen Gebäude, eine tiefe Stille lag über dem Platz. Doch der Ort schien leer und verlassen, und auch der Bruder des Meisters war nirgends zu sehen.

In der Nähe des Platzes standen mehrere Gebäude, eines lag etwas abseits und nach hinten versetzt, es war bedeutend kleiner als die anderen. Zu diesem Haus ging der Meister. Als sie vor der verwitterten Holztür standen, hörte Fräulein Li ein leises Hüsteln. »In diesem Haus wohnt der Mönch Deng«, sagte der Meister mit gedämpfter Stimme. »Man sagt, er sei über hundert Jahre alt, aber so genau weiß das niemand.« Dann klopfte er an die Tür, und es dauerte eine Weile, bis diese einen Spaltbreit geöffnet wurde.

»Meister Wang, das ist aber eine Überraschung, treten Sie ein! Ah, Sie haben einen Gast mitgebracht. Guten Abend, junge Frau«, begrüßte sie Deng. »Das ist Fräulein Li«, erklärte der Meister, »sie verbringt einige Zeit bei mir in der Einsiedelei.«

»Das ist gut, Fräulein, das ist gut«, erwiderte Deng und setzte sich auf sein Bett. Der Meister holte zwei Stühle, die übereinandergestapelt in einer Ecke des Zimmers standen, dann setzten sie sich zu ihm. Deng war sichtlich erfreut über den unerwarteten Besuch und wandte sich zum Meister: »Ihr Bruder Daizin ist nicht da, er kommt erst übermorgen zurück. Er ist mit Hung in ein Dorf gegangen, um dort Einkäufe zu tätigen und einige Familien zu besuchen.«

Dann saß Deng einfach da und schwieg. Irgendwann wandte er sich an Fräulein Li und bemerkte: »Wissen Sie, junge Frau, die Worte sind mir im Laufe der Jahre abhanden gekommen. Doch ich genieße ihren natürlichen Rückzug und die wortlose Stille. Worte erschöpfen sich im Außen, deshalb ist es besser, Inneres zu bewahren und sich nicht im Äußeren zu verflüchtigen.«

Dann schloss er seine Augen und hatte im Moment offensichtlich nichts mehr zu sagen.

Fräulein Li blickte ihn an, wie er ruhig und entspannt dasaß, völlig frei von Wollen und Müssen: sein ebenmäßiges Gesicht, der lange, schlohweiße, dünne Bart, der von seinem Kinn hing, sein langes dunkelgraues Gewand, das bis zu seinen Füßen reichte. Trotz seines hohen Alters strahlte er etwas Vitales und Jugendliches aus. Fräulein Li spürte die Chi-Kraft, die von ihm ausging – wie bei Meister Wang.

Sie schaute sich im Zimmer um. Im sanften, tiefblauen Abendlicht sah sie durch ein offenes Fenster blühende Kirschbäume, die hinter dem Haus im Garten standen. Sie empfand die Schönheit dieser Blütenpracht wie ein sanftes Liebeslied der Natur, auch der Meister schaute aus dem Fenster und bewunderte die liebliche Blütenpracht. Eine kühle Abendbrise blies ins Zimmer, die Zeit stand still.

Tief atmete Fräulein Li ein und aus, sie atmete im Pulsschlag der himmlischen Einheit. In dieser Zeitlosigkeit gab es keine Abweichungen und kein Bestreben, sich nach außen zu kehren.

Ein kleiner Vogel mit karminrotem Gefieder flatterte herbei und setzte sich aufs Fenstersims. Der Vogel schaute zu Deng, und der öffnete seine Augen, er hatte die Ankunft des Vogels wohl vernommen. Sein Blick war tief und nach innen gerichtet, auch im Außen entging ihm nichts. Deng schaute kurz den Vogel an und der schloss gleich seine Augen. Er war offensichtlich unmittelbar von der ursprünglichen, zeitlosen Stille absorbiert worden.

Nach einer Weile durchbrach der Meister die äußere Stille, stand auf und verkündete: »Ich gehe in die Küche und bereite uns Tee.« Er hatte mehrere Päckchen Tee aus der Einsiedelei als Gastgeschenk mitgebracht.

Nun war Fräulein Li mit Deng allein im Zimmer. Er wandte sich ihr zu und erklärte mit weichen Worten: »Das Wirken des Himmels vollzieht sich in Stille, und Stille ist untrennbar in allen Wesen. Wenn der äußere Lärm endet, mündet der Rückzug in die ursprüngliche Stille.«

Der rote Vogel hatte sich inzwischen verabschiedet und war an einen Ort geflogen, wo er die Nacht verbringen würde. Dengs Worte flogen mit großer Geschwindigkeit durch einen unbekannten Raum und dort, wo sie landeten, wirkten sie tief.

Bald kam der Meister zurück, und sie genossen den frischen, warmen Tee, dann zogen sie sich zurück. Deng bestand darauf, dass sie ihn am nächsten Morgen wieder besuchten, was sie ihm natürlich gerne zusagten.

Die Nacht hatte sich über das Land gelegt. Der Meister wünschte Fräulein Li draußen auf dem Platz unter dem Sternenhimmel eine gute Nachtruhe. Lachend meinte er zu der jungen Frau: »Dieser Deng ist wirklich ein besonderer Mönch, wir kennen uns schon viele Jahre. Seine Eigenart ist mir vertraut, doch, Fräulein Li, hinter dem wenigen, was er äußerlich von sich preisgibt, ist er tief wie die Weltmeere und weit wie der Himmel.«

Fräulein Li ging in ihr Gästezimmer und legte sich in eines der fünf Betten. Sie lag da und spürte mit geschlossenen Augen eine helle, satte geistige Energie, die von der Pagode ausstrahlte. Unerwartet stark beschäftigte der Mönch Deng ihre Gedankenwelt. Er schien in ihrem Bewusstsein Platz genommen zu haben. Warum das so war, konnte sie nicht verstehen. Sie hatte ihn ja eben erst kennengelernt und kaum mit ihm gesprochen, doch sie spürte tief und zweifelsfrei, dass er einer jener Menschen war, die sich nirgends einordnen ließen. Äußerlich war er unscheinbar, aber innerlich schien er heller als der Schein des Mondes und der Sonne. Er war eine unbekannte, geheime Kraft, die aus der Verschwiegenheit des Nicht-Ichs wirkte.

Sie hoffte, dass sich ihr die Möglichkeit bieten würde, ihn näher kennenzulernen. Ihr war jedoch klar, dass das Leben selbst die wichtigen Weichen stellte und nicht sie. Um diesen harmonischen Fluss nicht zu stören, vermied sie jegliche Gedankenaktivität in Richtung Hoffen und Wollen. Innerlich hielt sie sich an nichts fest und ließ ihr Sein vom Leben selbst durchdringen. Sie wusste, dass alles, was sie willentlich zu erzeugen gedachte, nichts als Unruhe und Chaos in ihr hervorbrachte, während sich im Nicht-Tun alles harmonisch entfaltete.

Sie erschrak heftig, jemand klopfte an die Tür und riss sie aus tiefem, traumlosem Schlaf. »Kommen Sie, Fräulein Li, wir wollen Deng besuchen, er erwartet uns.«

Der Morgen war klar und wolkenlos, und als sie Dengs Haus betraten, saß dieser hellwach auf dem Bett und fragte Fräulein Li mit verschmitztem Lächeln: »Haben Sie denn gut geschlafen, junges Fräulein? Erkennen Sie, dass das, was im Wachen den Schlaf herbeigeführt hat, selbst nie geschlafen hat?«

Sie kam gar nicht dazu, darauf etwas zu erwidern, denn er wandte sich gleich dem Meister zu. Sie sprachen über dieses und jenes, durch einen klaren inneren Impuls fühlte sie, dass die beiden eine Weile allein sein wollten.

Sie entschuldigte sich höflich, stand auf und begab sich zur Tür. Ein warmer Blick des Meisters begleitete sie, er schätzte ihre Empfindsamkeit und die Gabe, die Feinheiten des Lebens zu lesen.

Deng hüstelte und sagte: »Besuchen Sie doch den Gemüsegarten hinter der Pagode, dort blühen die Kirschbäume.«

Das Tal war weit und fruchtbar, eine Landschaft, eingebettet in Ruhe und tiefes Schweigen. Hoch oben in den Lüften kreisten zwei Weißkopfadler und hielten Ausschau nach Beute. Nichts entging ihren scharfen Blicken, mit denen sie das Land unter ihnen nach Essbarem abtasteten.

Zwischen blühenden Bäumen fand sie einen Platz, wo das Gras dicht, aber kurz wuchs, ein geeigneter Ort, um Wushu zu praktizieren. Das Sonnenlicht war mild und blendete nicht, sie atmete tief und spürte, wie sich die Atemkraft durch ihren ganzen Körper verteilte. Frei von Gedanken bewegte sie sich harmonisch wie fließendes Wasser, präzise, dynamisch, kraftvoll und kontrolliert. Ihre Schultern waren locker und entspannt, ihre Füße standen fest auf dem Boden, doch sie schien den Boden kaum zu berühren.

Meister Wang hatte sie in der Bewegungskunst innerhalb kürzester Zeit viel gelehrt und sie weitergebracht, dafür war sie ihm dankbar, denn die Kampfkunst war seit ihrer frühesten Jugend ihr Lebenselixier.

Mit wachen Augen beobachteten die Adler ihre Bewegungen, doch auch sie waren von den alten Meistern beobachtet und eingehend studiert worden. Ihr Flug und ihr Jagdverhalten war in die alte Kampfkunst übernommen und integriert worden. Die Wachheit, die angespannte Geduld und Ruhe, die Ästhetik und das blitzschnelle Zuschlagen im richtigen Moment, diese Adlerqualitäten hatte sie der Meister in der Einsiedelei gelehrt. Nun war sie bemüht, Haltung und Bewegungsabläufe zu vollenden.

Später setzte sie sich mit geschlossenen Augen unter einen der blühenden Bäume und genoss die Kraft und die Stille dieses Ortes. Doch in ihrem Bewusstsein saß Deng, sie sah ihn klar, deutlich, sehr präsent.

In seinem konsequenten Rückzug hatte er eine außergewöhnliche Selbstenteignung verwirklicht, die äußeren Schalen der Welt waren in ihm nicht mehr existent. Die Stille, die er bewahrt und verwirklicht hatte, war ewig und unantastbar. Er war einer derer, die regungslos und unberührt beobachteten, wie sich die Welt mit allen Lebewesen nach außen kehrt und dann in sich selbst wieder zurücknimmt.

Fräulein Li spürte und wusste, dass Deng Hüter tiefer, unfassbar großer Geheimnisse war.

Ein zarter Blütenduft wurde von einer lauen Sommerbrise mitgenommen und wie durch einen unsichtbaren Schleier über die Gegend ausgebreitet. Kleine graue Vögel mit gelben Schwanzfedern hüpften unbeschwert piepsend von Ast zu Ast.

Fräulein Li war berührt und gleichzeitig eingebettet in die Harmonie dieses Ortes. Sie verspürte das Bedürfnis, sich in die Stille zu legen, und so schlief sie gleich ein. Als sie erwachte, konnte sie es kaum glauben, hatte sie doch fast den ganzen Tag in diesem Blütengarten geschlafen.

Sanftes Abendlicht schlich sich ins Tal und brachte die Abendkühle mit sich. Fräulein Li machte sich schleunigst auf den Weg, die Tür von Dengs Haus war einen Spaltbreit geöffnet. Sie klopfte an und trat ein.

Deng saß in einem Sessel in der Nähe des Fensters und las in vergilbten taoistischen Schriften. Als sie eintrat, hob er den Kopf und sagte scherzend: »Ach, ich wusste gar nicht, dass wir einen solch großen Gemüsegarten haben. Genießen Sie diesen stillen Ort, an dem sich das Himmlische und das Irdische begegnen!«

Sie fragte Deng, ob sie für ihn und den Meister etwas kochen dürfe. Ohne zu zögern, nahm er das Angebot an, schränkte aber gleich ein: »Für mich bitte nur ein wenig Gemüse und Reis.«

Sie begab sich in die Küche und fand alles, was für die Zubereitung der Mahlzeit nötig war. Bevor sie sich an die Arbeit machte, benachrichtigte sie den Meister von ihrem Vorhaben. Am frühen Abend saßen sie zusammen, und nachdem sie gegessen hatten, sagte Deng zu Fräulein Li: »Die Welt wandelt sich, aber woher wissen wir das? Nur was im Bewusstsein erscheint, wandelt sich. Glauben Sie nicht an Erscheinungen, Fräulein Li, im Ursprünglichen hat sich nie etwas gewandelt oder nicht gewandelt. Glauben Sie an nichts, Sie sind Nicht-Beginn.«

Deng gähnte, legte sich kommentarlos auf sein Bett und schloss die Augen, für ihn war der Tag zu Ende. Der Meister schaute Fräulein Li mit einem verschmitzten Lächeln an und bedeutete, dass sie jetzt gehen sollten.

Draußen sagte er: »Morgen bei Sonnenaufgang treffen wir uns fürs Wushu hinter der Pagode.«

Als sie frühmorgens aus dem Gästehaus trat, sah sie den Meister und Deng vor der Pagode stehen; sie hatten auf sie gewartet. Der Meister nickte ihr freundlich zu, Deng hüstelte und begrüßte sie mit einem milden Lächeln.

Gemeinsam gingen sie hinter die Pagode zu den Blütenbäumen, und genau an der Stelle, wo sich Fräulein Li am Vortag aufgehalten hatte, blieb Deng stehen und erklärte: »Das ist ein guter Platz für unser Wushu.«

Der Meister stand etwa drei Meter von ihr entfernt auf ihrer linken Seite, während Deng etwa in derselben Distanz rechts vorne und seitwärts von ihr stand, sie sah ihn nur von hinten.

Sie begannen, und Fräulein Li bemerkte gleich, dass Deng einen eigenen Stil praktizierte, den sie so noch nie gesehen hatte. Es sah aus, als hätte er keine Knochen in seinem Körper und bestünde aus einer flexiblen Masse, die sich beliebig in jede Richtung ausdehnen ließe. Dann, in seine Bewegungsabläufe integriert, sprang er aus dem Stand leicht in die Höhe, es sah aus, als hätte er überhaupt kein Körpergewicht. Er sprang nicht besonders hoch, und doch geschah es völlig überraschend und war ungewöhnlich.

Fräulein Li war erstaunt und zutiefst verblüfft, die Naturgesetze schienen ihn überhaupt nicht zu berühren oder zu begrenzen, mit solch einer Leichtigkeit sprang er. Aber das wirklich Verblüffende war, dass er leicht wie eine Feder einige Momente in der Luft schwebte, bevor seine Füße wieder den Boden berührten. Er bewegte sich im Fluss des gesamten Daseins – im Nicht-Sein, unberührt von der äußeren Welt.

Fräulein Li war von dem, was sie soeben gesehen und erlebt hatte, innerlich bewegt und aufgewühlt, etwas hatte sich in ihrem Bewusstsein verändert. Ihr altes Weltbild war eingebrochen, eine unfassbare Grenze war aufgehoben. Sie war erstaunt, dass ein solch kurzes Ereignis eine solch ungeheure Wirkung in ihr auszulösen vermochte.

Dass dieser alte Mönch, den sie auf seinem Bett sitzend kennengelernt hatte, der hüstelnd und gebrechlich wirkte und mit kleinen Schritten durch sein Zimmer ging, wirklich derselbe Mensch sein sollte, konnte sie fast nicht glauben. Sie schaute kurz zum Meister, der lächelte verständnisvoll und nickte ihr zu, er hatte ihre Konsternation gesehen.

Nachdem sie ihr Wushu beendet hatten, drehte sich Deng um und sagte: »Kommen Sie, Fräulein Li, ich zeige Ihnen etwas Edles und Schönes.« Vor ihr stand nun wieder der alte, eher gebrechlich wirkende Mönch, so wie sie ihn kennengelernt hatte.

Meister Wang nickte und meinte: »Deng wird Ihnen etwas zeigen, das Ihnen gefallen wird«, und verließ leichtfüßig den Blütengarten. Ihre Blicke begleiteten ihn, er strahlte etwas unerklärbar Edles aus, etwas Majestätisches und Unantastbares.

Deng und Fräulein Li betraten die Pagode und begaben sich durch einen spärlich beleuchteten Gang in den hinteren Teil des imposanten Gebäudes. Deng öffnete eine große, golden bemalte Holztür, die Farbe war brüchig und an einigen Stellen verblasst.

Sie traten in einen lichtdurchfluteten Raum. In einer Ecke stand ein Tisch, auf dem mehrere Bücher lagen, daneben ein Stapel Sitzkissen. Doch ihr Blick wurde von etwas anderem angezogen: Vorne in der kleinen

Halle auf einem Podest aus edlem Holz saß eine Buddha-Statue, eine, wie man sie in vielen Tempeln sah. Doch diese hier war wahrhaft außergewöhnlich, sie war durch und durch aus kostbarem mattgrünem Jade.

Respektvoll verbeugte sich die junge Frau vor dem Heiligtum, überrascht von der feinen, aber starken geistigen Energie, die von der Statue ausging.

»Holen Sie zwei Kissen, wir setzen uns eine Weile hin«, flüsterte Deng. Dann erzählte er: »Diese Statue ist sehr alt. Laut einer alten Legende hat der Jade-Kaiser sie vor Hunderten von Jahren bei einem unbekannten Künstler in Auftrag gegeben. Er musste sie fehlerfrei aus einem großen Stück kostbarstem Jade schneiden, das ihm der Jade-Kaiser übergeben hatte.

Wann diese Buddha-Statue in die Pagode gebracht wurde, wissen wir nicht, und auch nicht, wer sie gebracht hat. Sehen Sie nur die feine und exakte Arbeit des Künstlers, wirklich beeindruckend! Er war ein großer Meister seines Handwerks.«

Fräulein Li war von der Schönheit und Harmonie dieser Jade-Statue sehr beeindruckt und auch von der hellen Energie, die von ihr ausging. Deng fuhr fort: »Wissen Sie, viele Menschen aus umliegenden Dörfern und fernen Städten kommen hierher, um zu beten und zu meditieren, sie erhoffen sich den Segen dieses Ortes. Sie wünschen sich vor allem Glück, Gesundheit, Reichtum und ein langes Leben.

Doch die Welt ist ein himmlischer, geistiger Organismus, in dem man nicht wünschen und handeln sollte. Tut man es dennoch, verdirbt man sie und verdunkelt ihr Leuchten. Deshalb ist es weise, im vorweltlichen Nicht-Sein zu verweilen. Nur wenige Menschen erkennen und realisieren den tiefen Sinn solcher Worte, sie bleiben im Außen stecken bei dem, was sie mit ihrem Ich erzeugen.«

Still saßen sie vor dem Jade-Buddha, der Raum schien zu glühen in einer leuchtenden, mysteriösen Energie.

Fräulein Li hätte Deng gerne ein paar Fragen gestellt, doch aus unerklärlichen Gründen war ihr dies absolut nicht möglich. Warum das so war, konnte sie nicht verstehen. Es war einfach gänzlich unmöglich, das Wort an ihn zu richten, eine unbekannte Kraft verhinderte es. Er saß still und entspannt da. Fräulein Li war klar, dass er dies nicht willentlich oder mit Absicht inszenierte, es war einfach so, er war einfach so, unerklärbar und unfassbar. Er war weder Subjekt noch Objekt, frei von den Schatten der Gegensätze.

Dann stand er auf, hüstelte und entschuldigte sich mit einem verschmitzten Grinsen: »Ich gehe jetzt auf mein Zimmer und ruhe mich aus, das ist eben das Alter. Aber bleiben Sie doch, es ist ein guter Ort zum Verweilen.«

Gemächlichen Schrittes verließ er die Halle und sie blieb sitzen. Je länger sie den Jade-Buddha betrachtete, desto bewusster wurde ihr, dass diese kostbare Statue symbolisch das Urbild des Bildlosen und Nichtseienden im Menschen spiegelte.

Als sie später die Pagode verließ, begegnete sie dem Meister. Er kam gerade aus der Küche, wo er den Tee, den er für die Mönche als Geschenk mitgebracht hatte, in einem Schrank verstaut hatte.

Er sagte freundlich: »Begleiten Sie mich doch auf einen Spaziergang den Fluss entlang. Das Wasser ist klar und erfrischend, die Düfte der Natur herrlich. Begleiten wir auch den Fluss ein Stück weit, denn das Wasser hat noch einen sehr langen Weg vor sich, bis sich der Fluss im Meer auflöst und sich das Süßwasser mit Salzwasser vermischt. Bevor es jedoch sein Ziel erreicht, wird es noch unzähligen Pflanzen, Tieren und Menschen als Lebensgrundlage dienen, der Fluss verschenkt sein Wasser bedingungslos an alle.«

Sie folgten dem unbefestigten Weg, der zu den umliegenden Dörfern führte. Am Wegrand wucherten niedere Büsche, die überfüllt mit kleinen, sternförmigen, violetten Blüten waren. Gelbe Schmetterlinge flatterten unbekümmert von Blume zu Blume, und hinter den Büschen wuchs duftendes, hohes Gras. Einzig der Gesang der Vögel und das Plätschern des Wassers waren in dieser stillen Gegend hörbar.

Gemächlich spazierten sie den Fluss entlang. Unterwegs spürte Fräulein Li das Bedürfnis, dem Meister zu erzählen, was sie im Moment beschäftigte. »Deng ist für mich ein Rätsel«, begann sie, »er ist völlig unfassbar und lässt sich nirgends einordnen. Er scheint ziellos hinter den Einflüssen der Welt zu schweben, so als hätte er die Welt und seinen Körper völlig vergessen. Ich weiß nicht, wie ich mich ihm nähern darf, er ist so unnahbar und gleichzeitig so nah. Er wirkt ausgleichend auf mich, aber gleichzeitig auch sehr destabilisierend.«

Der Meister lächelte amüsiert und erwiderte: »Oh ja, Sie haben recht, er ist wirklich ein ungewöhnlicher Mönch. Er ist einer dieser alten Meister, die sich darauf verstehen, durch die Lüfte zu fliegen. Deng wuchs bei einem unbekannten Meister auf, seine Eltern hat er nie gekannt. Dieser Meister hat ihm diese alte Kunst beigebracht und auch den ungewöhnlichen Wushu-Stil, den Sie ja gesehen haben. Er hat nie mit jemandem über seinen Meister und die alte Kunst gesprochen, auch mit mir nicht. Auf seiner Zunge ruht das goldene Blatt natürlicher Verschwiegenheit. Vielleicht haben Sie auch schon erfahren, dass es unmöglich ist, ihm Fragen zu stellen. Wahrlich, Deng ist ein Weiser der allerhöchsten Art. Soviel ich weiß, hatte er nie Schüler, aber genau weiß man auch das nicht.«

Nachdem Fräulein Li dies gehört hatte, war ihr klar, dass sie sich nicht geirrt hatte. Deng war tatsächlich ein Hüter großer Geheimnisse. Er hängte sein Leben nicht an Äußeres und lebte besitzlos im Ursprünglichen, er lebte im bewahrenden Nicht-Sein, in der reinen vorweltlichen Kraft, aus der Himmel und Erde hervorgehen.

»Er sei da, um den Jade-Buddha zu beschützen, hat er mir vor Jahren anvertraut«, fuhr der Meister fort. »Lange bevor mein Bruder Daizin und der junge Mönch Hung herkamen, war Deng schon da.

Wissen Sie, Fräulein Li, viele Menschen besuchen diese alte Pagode. Sie kommen, um zu beten, und hoffen, dass dadurch die Last ihrer Sorgen leichter wird. Vom ursprünglichen Sein wollen die meisten nichts wissen, sie interessieren sich vor allem für die holperigen Seitenwege des Lebens und möchten wissen, wie sie am besten auf ihnen weitergehen können.«

Sie schlenderten weiter, das Wasser roch erfrischend gut. Vor einem grauen Stein am Wegrand blieb der Meister stehen und bemerkte: »Schauen Sie, wie schön die Rauheit dieses Steines ist. Menschen mögen glatte und geschliffene Steine und sehen die natürliche, ursprüngliche Schönheit eines rauhen Steines nicht.«

Weiter vorne war der Weg löchrig und uneben, dort wuchsen grüngelbe Bambuspflanzen dicht beieinander und bildeten einen kleinen Wald. Die Mittagsstunde war nah, das Sonnenlicht gewann an Schärfe. Da sagte der Meister plötzlich: »Schauen Sie da vorne, da kommt mein Bruder mit seinem Schützling

Hung, der zur Ausbildung in seiner Obhut ist.« Die beiden winkten, sie hatten den Meister und Fräulein Li auch erkannt. Als sie näher kamen, sah man, dass ihre langen dunkelblauen Gewänder mit einer feinen Staubschicht bedeckt waren, der Weg war sehr trocken.

Die Begrüßung war kurz, aber herzlich. Sie stellten ihre prallvollen, schweren Taschen auf den Boden, und Hung verneigte sich zuerst vor dem Meister und dann vor Fräulein Li. Das war ihr außerordentlich peinlich, doch in diesem Moment wagte sie es nicht, etwas zu sagen, und nahm diese für sie irritierende Geste stillschweigend hin. Meister Wang ergriff das Wort und erklärte den beiden: »Das ist Fräulein Li, sie wohnt eine Weile bei mir in der Einsiedelei und hat mich auf die Reise hierher begleitet.«

Daizin nickte ihr freundlich und anerkennend zu und sagte: »Das ist ungewöhnlich und wunderbar, Sie haben großes Glück, Fräulein Li, bei meinem Bruder sind Sie wirklich in bester Gesellschaft.« Nach diesen Worten stand Hung scheu und verunsichert da und wusste nicht, wie er sich gegenüber Fräulein Li verhalten sollte, deshalb verbeugte er sich gleich noch einmal vor ihr. Ein verschmitztes

Grinsen huschte über das Gesicht des Meisters, er hatte Hungs Verunsicherung bemerkt.

Jeder ergriff nun eine Tasche, und bald waren sie bei der Pagode angelangt. Daizin und Hung stellten die Einkäufe in die Küche und begaben sich schleunigst in eines der Häuser, in dem sie gemeinsam wohnten. Doch es dauerte nicht lange, dann erschienen sie wieder, um ihren Pflichten nachzugehen. Daizin begab sich zu Deng, um ihm ihre Rückkehr und andere Neuigkeiten zu melden, Hung ging in die Küche.

Fräulein Li spürte ein tiefes Bedürfnis, sich in die Halle zum Jade-Buddha zurückzuziehen, um dort eine Weile zu meditieren. Mild zog die Sonne ihr Licht aus der Halle, letzte Strahlen bahnten sich einen Weg durch eines der großen Fenster und berührten sanft den Buddha. Das stille Abendlicht tauchte den mattgrünen Jade-Buddha in eine mysteriöse Aura. Fräulein Li war von dieser einzigartigen Schönheit und Harmonie überwältigt, doch der Zauber war nur von kurzer Dauer, denn bald war das Sonnenlicht aus der Halle entschwunden und die Dämmerung setzte ein. Im Lotussitz saß sie mit geschlossenen Augen da und versank in eine grenzenlose, helle Weite.

Irgendwann hörte sie das Knarren der schweren Tür, Daizin trat ein und setzte sich in gebührendem Abstand neben sie. Er entschuldigte sich gleich: »Ich hoffe nicht, dass ich Sie gestört habe. Das hier ist wahrlich ein guter Ort zum Meditieren.«

»Aber nein, Daizin, wirklich nicht, ich bitte Sie. Ich fühle, dass dieser Ort frei vom Geschmack und den Einflüssen der Welt ist. Die natürliche Stille in diesem Raum lässt sich nicht stören«, erwiderte sie.

Dann rezitierte Daizin mehrere Sutren, die heiligen Worte füllten den Raum und breiteten sich über die gesamte Anlage der Pagode aus.

Dann fragte er etwas verlegen, aber äußerst interessiert: »Dürfte ich Sie bitten, mir zu erzählen, wo und wie Sie meinen Bruder kennengelernt haben? Dass er noch eine Schülerin angenommen hat, ist wirklich bemerkenswert und außergewöhnlich, das können Sie mir glauben. Damit Sie meine Verwunderung verstehen, möchte ich Ihnen etwas über meinen Bruder erzählen.

Er lebte früher weit weg von hier in einer anderen Provinz, in der Nähe einer großen Stadt. Auch dort lebte er zurückgezogen in einem kleinen Haus, das ihm ein Bauer zur Verfügung gestellt hatte.

Er hatte immer Schüler, die er auch im Wushu unterrichtete, mehrere von ihnen waren junge Bauernsöhne aus armen Familien der Gegend. Sie interessierten sich überhaupt nicht für die verborgene Seite des Lebens, was mein Bruder zutiefst bedauerte.

Es kamen immer mehr Menschen zu ihm, die seine Schüler werden wollten, sich aber nur für die Kampfkunst interessierten. Viele kamen mit falschen Vorstellungen, andere mit ungeduldigem, respektlosem Verhalten. Sie wollten nur eines: gute Kämpfer werden, die andere besiegen und kontrollieren können.

Wenige sahen das wahre Sein meines Bruders, die meisten erkannten nicht, dass er den Menschen vor allem die Rückkehr ins Tao eröffnen wollte und dass dies sein Hauptanliegen und die Grundlage seines Seins ist. Mein Bruder ist gewiss keiner dieser Kampfsportlehrer, die den Menschen helfen, ihren Willen und ihr Ego zu stählen.

Irgendwann wuchs in ihm das Bedürfnis, alleine in Abgeschiedenheit zu leben, und er verließ jenen Ort in Stille. Vor vielen Jahren zog er in die Einsiedelei, wo er jetzt lebt. Wissen Sie, mein Bruder ist älter als unser Deng. Als ich geboren wurde, war er bereits ein erwachsener Mann und viel auf Reisen. Ich habe ihn selten gesehen.«

Fräulein Li schluckte leer, sie meinte sich verhört zu haben bei dieser Bemerkung über das Alter des Meisters, doch Daizin bestätigte ihr, dass sie richtig gehört habe.

Dann erzählte sie Daizin ausführlich von ihrer ersten Begegnung mit dem Meister. Wach und interessiert hörte er zu, und als sie ihre Erzählung beendet hatte, sagte er: »Was sich so zusammenfügt, hat seine natürliche Richtigkeit. Die ursprüngliche Kraft hat dieses Zusammentreffen bewirkt, und es ist ja auch das Jahr des Feuertigers, in dem solches möglich wird.

Deng sagt, dass alles Lebendige von innen her Tao sei und nichts zufällig geschehe. Wissen Sie, Fräulein Li, Deng ist der Leuchtturm dieses Ortes, sein Licht strahlt weit. Wie Sie sicher schon gesehen und erlebt haben, hat er seine Eigenheiten. Man weiß nie genau, woran man bei ihm ist, er ist wie das unbeständige Wetter im Tal. Aber wir kennen und mögen ihn genau so, wie er ist. Deng ist eben Deng.«

Am nächsten Morgen waren Hung, Daizin und Meister Wang beim Wushu im Blütengarten. Fräulein Li schaute sich um, Deng war nirgends zu sehen. Sie hatte gehofft, ihm nochmals bei seinem ungewöhnlichen Wushu zusehen zu dürfen, doch daraus wurde nichts. Sie bemühte sich, ihre Enttäuschung zu verbergen.

Daizin und Hung baten den Meister mehrmals, ihre Bewegungsabläufe zu korrigieren und zu verbessern. Sie sah, wie er den beiden mit Ruhe und Geduld präzise und exakte Feinheiten in ihren Bewegungen korrigierte, und dabei wurde ihr erst jetzt richtig bewusst, welch großartiger Meister er wirklich war. Hinter seiner Einfachheit, Bescheidenheit und ruhigen Zurückhaltung verbarg sich ein Ozean voller Licht, Weisheit und unermesslicher Kraft.

So umfassend hatte sie ihn noch nie gesehen und erlebt. Von einem Augenblick zum anderen hatte sich ihr Gewahrsein gewandelt, sie entdeckte eine neue Tiefgründigkeit im Wesen des Meisters und dadurch auch eine neue Tiefgründigkeit in sich selbst.

Zum Schluss bat ihn Daizin, noch eine spezifische Form zu zeigen. Es handelte sich um eine Form, die das instinktive Jagdverhalten des Tigers nachahmt und zum Ausdruck bringt. Dem Gespräch war zu entnehmen, dass Daizin und Hung sich schon Jahre damit befassten. Meister Wang bat die beiden um äußerste Aufmerksamkeit und erklärte, dass er ihnen nur eine kurze Sequenz zeigen werde, die sie dann perfektionieren sollten.

Und dann, von einem Moment zum anderen aktivierte er die Tigerkraft in sich. Fräulein Li erschrak heftig, die ungeheure Explosivität dieser Kraft war furchterregend und atemberaubend, ihr ganzer Körper bebte. Er stand da mit derselben körperlichen Spannkraft wie der eines mächtigen Tigers. Jede Bewegung, sein Blick und die gesamte Fokussierung waren wie die eines Tigers, der kurz davor ist, sich auf seine Beute zu stürzen. Momente später löste er sich aus dieser Form und stand wieder entspannt da.

Fräulein Li atmete aus, sie war zutiefst beeindruckt, die starke Energie steckte noch in ihren Gliedern. Noch einmal sah sie den Meister in einem neuen Licht. Noch nie hatte sie etwas so Machtvolles und Beeindruckendes gesehen und erlebt.

Meister Wang hatte Fräulein Li erlaubt, etwas abseits des Geschehens zuzusehen, und nun kam er zu ihr und erläuterte: »Sie habe ich in der Form des Adlers unterrichtet, diese Form ist für Sie optimal, verbessern Sie sie unermüdlich. Nicht alle dieser hohen Kampfkunstformen sind gleichermaßen für alle Schüler geeignet. Eigentlich wäre es besser, nur eine einzige Form zu lernen und es in dieser zur Vollkommenheit zu bringen, denn jede Form ist ein Lebenswerk. Doch die Menschen wollen meistens so viele Formen wie nur möglich lernen, am Schluss können sie viele, aber keine richtig. Ihnen fehlt die Geduld und die Einsicht, um die Tiefen und das Innenleben der Form zu erforschen, zu studieren und zu verwirklichen. Sie wollen nur kämpfen, andere besiegen und überlegen sein. Doch was nützt es, andere zu besiegen, wenn die Fähigkeit, sich selbst zu besiegen, abhanden gekommen ist? Welches Auge erblickt einen Feind, welches Herz sehnt sich nach Streit? Nur ein trübes Auge erblickt einen Feind, nur ein verwirrtes Herz sehnt sich nach Streit.«

Fräulein Li verneigte sich tief vor dem Meister und bedankte sich für die beeindruckende Belehrung. Dann verabschiedete sie sich höflich und zog sich in die Pagode zurück.

Es gelang ihr nicht, sich in einen meditativen Zustand zu versetzen, denn mit offenen oder geschlossenen Augen sah sie den Meister in dieser ungeheuren explosiven Kraft und den beeindruckenden katzenhaften Bewegungen der Tiger-Form. Auch die Worte, die er an Daizin und Hung gerichtet hatte, taten ihre Wirkung. Sie tauchten immer wieder in ihrem Bewusstsein auf. Er hatte ihnen eindringlich erklärt: »Starkes und Starres bricht ein, Weiches und Biegsames bewirkt dies. Jeder Sieg führt zu einer Niederlage, jeder Gewinn zu einem Verlust. Ich habe nie einen Kampf gewonnen.«

An diesen letzten Satz erinnerte sie sich, den hatte er ihr bereits in der Einsiedelei ins Bewusstsein gepflanzt. Doch nach dem, was sie jetzt erlebt hatte, wirkten diese für den Verstand befremdenden Worte in einer unbekannten Tiefe in ihr nach.

Sie hatte gedacht, er habe aus Bescheidenheit gesagt, nie einen Kampf gewonnen zu haben, doch jetzt wusste sie, dass sie sich geirrt hatte. Sie erkannte, dass dieser Meister aus der ursprünglichen Kraft im Gleichgewicht zwischen dem Hohen und dem Niederen lebte und ausgeglichen im Nicht-Sein gefestigt war. Er war das innere Bewahrende, das im Außen nichts war.

Lange saß sie still da, dann hörte sie, wie jemand leise die Türe öffnete und die Halle betrat. »Das ist Daizin«, dachte sie, doch sie hatte sich geirrt, denn Momente später stand Deng neben ihr und sagte: »Fräulein Li, ich möchte gerne einen Spaziergang am Fluss entlang machen, würden Sie mich begleiten?« Über diese unerwartete Einladung freute sie sich sehr.

Deng ging langsam, seine kleinen Schritte bestimmten die Geschwindigkeit. Er war im Gegensatz zum Meister oder zu Daizin von kleiner Statur, doch die Stille, die ihn umgab, war unglaublich. Je länger sie unterwegs waren, desto mehr wurde ihr eine Qualität der Entschleunigung bewusst. Deng schaute weder links noch rechts, sein Blick war auf den Weg vor ihm fokussiert. Dann hüstelte er und bemerkte: »Jeder Weg führt zu einem Ziel. Die, die sich nach außen kehren, sehen und erleben ihren Weg und ihr Ziel im Außen. Die, die sich dem himmlischen Innen zuwenden, kennen nur den Rückzug vom Außen, und sie kennen weder Weg noch Ziel. Viele wissen davon, wenige überschreiten die Grenze aus dem Etwas ins Nichts.

Seien Sie wach und bewusst, Fräulein Li, das geheime Leben entzieht sich jeglicher äußerer Nützlichkeit. Was sich im Außen bewegt, führt zu nichts, was im Innen bewegt, führt ins Nichts.«

Fräulein Li spürte, dass sich für sie eine Tür geöffnet hatte, die es möglich machte, ihm eine Frage zu stellen. Diese Frage ließ nicht auf sich warten, sie sprudelte förmlich aus ihr hervor: »Sie und der Meister sind so tief vollendet und im Tao gefestigt, mir scheint es gänzlich unmöglich, in diesem Leben in solch unermessliche Tiefen einzugehen.« Sie erschrak über ihre eigenen Worte, denn es war überhaupt nicht das, was sie ihn hatte fragen wollen. Sie hätte gerne gewusst, ob es tatsächlich Meister gebe, die durch die Lüfte fliegen können, und wie so etwas möglich sei.

Deng ging weiter und sagte lange nichts, und Fräulein Li fragte sich, ob er ihre Frage überhaupt gehört hatte. Doch dann blieb er einen Moment stehen und sprach: »Die Rückkehr zur Bestimmung ist nicht des Menschen Pflicht, doch das zeichnet ihn mit Weisheit aus. Geduld und Ruhe öffnen die Einsicht ins himmlische Tao. Was immer Sie noch wissen wollten, Fräulein Li, es wird Sie nicht weiterbringen. Durchschauen Sie den absurden Wunsch-Durst, er bringt nichts als Verwirrung und erschafft wieder neue Wünsche, die nie befriedigt werden können. Wer wünscht, stirbt. Treten Sie aus diesem Todeskarussell und tauchen Sie ein ins Form- und Zeitlose, ins Ursprüngliche! Bleiben Sie nie in dem, was sich vollendet, und halten Sie sich innerlich nirgends auf! Halten Sie sich an nichts fest und gehen Sie ins geheime Leben ein!«

Dengs Worte waren fest und kompromisslos, seine Stimme kein bisschen brüchig. Nun war es wiederum völlig unmöglich, ihm eine weitere Frage zu stellen, denn er war von Neuem zu dieser mysteriösen, schweigenden Macht geworden.

Es erschien ihr, als würde sich der Himmel von selbst öffnen und wieder schließen, es geschah, ohne dass er dies auch nur im Geringsten beeinflusste. Nichts in ihm kehrte sich nach außen, er war reine vorweltliche Urkraft. So einen Menschen hatte Fräulein Li in ihrem ganzen Leben noch nie erlebt, er war völlig außerhalb aller Normen.

Langsam, Schritt für Schritt gingen sie am Fluss entlang bis zum kleinen Bambuswald, dann kehrten sie um. Er genoss den Spaziergang durch die Landschaft, auf dem Rückweg blieb er mehrmals stehen.

Er schaute drei weißen Kranichen nach, die nordwärts durch den stahlblauen Himmel flogen. Dann sagte er mit ruhiger Stimme: »Schauen Sie, wie edel diese Kraniche sind. Der Raum, durch den sie fliegen, ist weit und offen, doch sie fliegen nicht ziellos umher. Ihre Instinkte sind stark, ihr Orientierungssinn ausgeprägt, sie wissen genau, wohin sie fliegen. Im himmlischen Geist ist es absolut still, doch auf seiner Außenseite, im Bewusstsein, finden scheinbar Bewegungen und unzählige Aktivitäten statt. Im himmlischen Geist selbst ist nie etwas vorgefallen.

Alle Lebewesen sind Ausdruck der einen bewussten himmlischen Kraft, deshalb sollte man sie alle behutsam und respektvoll behandeln.

Nehmen Sie diese Worte tief in sich auf, Fräulein Li, und leben Sie nach ihnen, sonst wird sich das geheime Leben in Ihnen nicht vollenden können. Was Sie durch Ihre Sinne im Außen sehen, erleben und empfinden, das existiert ungetrennt in Ihnen. Erst wenn Sie das wirklich vollständig erkannt und realisiert haben, öffnet sich die Tür in die vorweltliche Geisteskraft.«

Als sie wieder auf dem Platz vor der Pagode standen, verabschiedete sich Deng und zog sich in sein Haus zurück. Fräulein Li stand alleine da und wusste nicht, ob sie Tage oder Stunden mit Deng unterwegs gewesen war.

Sein alles absorbierendes, zeitloses Hiersein war enorm tief. In seiner Anwesenheit wurde die äußere Welt aufgesogen und in die große Stille überführt. Nichts, aber auch gar nichts hatte er zugelassen, unmöglich, ihn über die fliegenden Meister zu befragen. Innerlich musste sie lachen, als ihr bewusst wurde, dass sie dies unterwegs völlig vergessen hatte.

Am frühen Abend legte sie sich hin, schlief gleich ein und erwachte erst am nächsten Morgen. Der Tag war eben dabei, die Nacht zu zerbrechen, als sie aus dem Gästehaus trat. Soeben überquerte Meister Wang den Platz, er war auf dem Weg hinter die Pagode. Als er Fräulein Li sah, ging er zu ihr hinüber und sagte: »Guten Morgen, gut, dass ich Sie sehe. Ich wollte Ihnen mitteilen, dass in drei Tagen früh am Morgen ein Schiff anlegt, das flussaufwärts fährt. Wir werden einsteigen und uns auf den Rückweg machen.«

Er entschuldigte sich noch höflich dafür, dass er so viel Zeit mit Daizin verbracht habe und sie ihn deshalb nicht so oft habe sehen können. Sie suchte nach Worten, um ihm zu sagen, dass er sich gewiss nicht bei ihr entschuldigen brauche, doch dazu kam es nicht, denn er ging zielstrebig weiter, und sie folgte ihm wortlos.

Daizin war schon da und Deng auch, er unterhielt sich mit Hung unter einem der vielen blühenden Bäume. Fräulein Li freute sich, Deng noch einmal beim Wushu beobachten zu dürfen. Die Ernüchterung folgte jedoch gleich, denn er bewegte sich im selben Stil wie Daizin, Hung und der Meister.

Fräulein Li musste innerlich kichern und dachte: »Dieser Deng ist wirklich so unberechenbar wie das Wetter im Tal«, und im selben Augenblick, zeitgleich mit diesem Gedanken, sprang er in die Luft. Die Höhe des Sprungs war nicht unbedingt spektakulär, was sie aber einmal mehr verblüffte, war die lange Zeitspanne, die er in der Luft verweilte, bevor seine Füße wieder den Boden berührten.

Sein Körper schien frei von Gewicht zu sein und der Schwerkraft nicht unterworfen. Dieses Schweben im leeren Raum, dieses scheinbare Verlangsamen der Zeit, bewirkte auch diesmal wieder einen Umbruch in ihrem Bewusstsein.

Noch ältere, tiefsitzende Strukturen von bisher gültigen Lebensauffassungen und allgemeingültigen verstandesmäßigen Lebensvorstellungen brachen ein. Unsichtbare Aspekte ihres begrenzten Ich-Daseins zersplitterten in tausend Teilchen und lösten sich in nichts auf. Sie gewahrte intuitiv, dass sich durch diesen Durchbruch auch ihre Wahrnehmung unmittelbar verändert und aufgefrischt hatte.

Die Mühelosigkeit und Leichtigkeit, mit der Deng scheinbar schwerelos für Momente in der Luft schwebte, berührten etwas Unbekanntes tief in ihrem Innersten. Sie empfand es als perfektes Gleichgewicht zwischen dem Schweren und dem Leichten, zwischen Himmel und Erde.

Die von ihm offengelegte Transparenz war bestimmt kein Zufall. Sie war überzeugt, dass er bewusst und genau in diesen Augenblicken alle Grenzen zwischen dem Möglichen und dem Unmöglichen in ihr aufgehoben hatte.

In der Kühle des Morgens hinter der alten Pagode wurde ihr Gewahrsein des Nicht-Seins, Nicht-Wollens und Nicht-Werdens erleuchtet. Den ganzen Tag verbrachte sie still mit geschlossenen Augen in grenzenloser himmlischer Offenheit vor dem Jade-Buddha.

Sie erkannte, dass hinter der Form alle Lebewesen in der Einheit dauerhaft sind und dass nie etwas getrennt von ihr in der himmlischen nährenden Kraft existiert hatte. Sie realisierte, dass jenseits der heiligen ursprünglichen Kraft, aus der alles Sein hervorgeht, das geheime Leben beheimatet ist.

Lichtdurchflutet saß sie da, nichts wollend, nichts erzeugend. Sie hatte die Bedeutung und die Wichtigkeit des Rückzugs, von der Deng gesprochen hatte, in seiner ganzen Tiefe realisiert.

Die Türe der Halle öffnete sich, jemand trat ein. Sie wusste gleich, dass es der Meister war, sie hatte ihn an seinem leichten Schritt erkannt. Er setzte sich zu ihr und sagte: »Die nächsten zwei Tage sind Feiertage, viele Menschen werden die Pagode besuchen. Daizin und Hung werden alle Hände voll zu tun haben.« Dann verfiel er in Schweigen. Etwas später verließen sie gemeinsam die Halle und zogen sich zur Nachtruhe zurück.

Tatsächlich war am nächsten Morgen, als sie aus dem Gästehaus kam, der Platz vor der Pagode bereits mit Gästen überfüllt. Viele waren von entlegenen Dörfern hierher gepilgert. Ältere Ehepaare und Eltern mit ihren Kindern, die sich ungeduldig nach einem Platz zum Spielen umsahen. Viele Menschen suchten das Gespräch mit Daizin oder Hung, die beiden waren im Dauereinsatz. Von Deng jedoch war nichts zu sehen, er blieb den ganzen Tag in seinem Häuschen und mied die Menschenmenge.

Fräulein Li stand etwas hilflos herum und wusste nicht, wohin sie sich wenden sollte.

Immer mehr Menschen strömten herbei. Der Meister stand mit Daizin und Hung auf dem ohnehin schon vollen Platz und half ihnen beim Begrüßen und Betreuen der Neuankömmlinge. Die meisten kannten Hung und Daizin, erstaunlich viele gingen allerdings auch gleich zum Meister. Sie spürten, dass sie hier einem ungewöhnlichen Menschen gegenüberstanden.

Fräulein Li fühlte sich unbehaglich in der Menge, sie bahnte sich einen Weg durch die Masse und entfernte sich von der Pagode. Sie ging so weit, bis sie die vielen Stimmen nicht mehr hörte.

Blütenzeit

Sie fand einen prächtigen allein stehenden Kirschbaum, der in voller Blüte stand, und setzte sich im Lotussitz nah an den Stamm unter die weiten Äste, die sich wie ein Dach über ihr ausbreiteten. Zarte weiße Blüten schwebten herunter und landeten auf ihrem Haupt, ihren Schultern, Händen und Beinen. Es schien, als ob der Baum sie schmücken wollte. Sie versank in tiefe Stille und fühlte die feine Energie dieses Blütenbaumes. Ihre Augen waren geschlossen, sie schaute nach innen und sah nichts, und doch war ES, dieses Ursprüngliche, da. Sie horchte nach innen und hörte nichts, und doch war ES, dieses Ursprüngliche, da. Unmöglich, ES zu erfassen oder zu ergreifen, unmöglich, ES zu kennen, zu trennen oder zu benennen. Fräulein Li ruhte im grenzenlosen Gleichgewicht des Nicht-Seins, frei von Vorstellungen des Tun, der Nützlichkeit und Brauchbarkeit. Sie war eins mit den geheimen himmlischen Kräften.

Ein leises Geräusch holte sie aus der tiefen Versenkung. Sie öffnete ihre Augen und sah einen kleinen Jungen, der sich hinter einem Busch versteckt hielt und sie scheu mit offenem Mund beobachtete. Sie winkte ihn zu sich, und kaum stand er vor ihr, fragte er: »Sind Sie eines dieser Zauberwesen aus einer anderen Welt?«

Fräulein Li musste lachen und antwortete: »Nein, das bin ich gewiss nicht, aber wie kommst du darauf, dass ich ein Zauberwesen aus einer anderen Welt bin? Komm, setz dich neben mich und erkläre mir, wie du auf diese Idee gekommen bist.«

Ein wenig enttäuscht begann er zu erzählen: »Meine Großmutter hat mir wundersame Geschichten von Zauberwesen aus anderen Welten erzählt und dass diese sich manchmal auf der Erde aufhalten. Es sei zwar sehr selten, aber wenn man Glück habe, könne man manchmal einem solchen Wesen begegnen. An heiligen Orten könne man sie finden, und mit ihren Zauberkräften könnten sie einem alle Wünsche erfüllen. Als ich Sie unter diesem wunderschönen Baum mit geschlossenen Augen sitzen sah, übersät mit weißen Blüten, war ich voller Freude und überzeugt, dass Sie eines dieser Wesen sind, das alle Wünsche erfüllen kann.«

»Was für Wünsche sind das denn, die du so gerne erfüllt haben möchtest?«, fragte Fräulein Li.

Der Junge seufzte und antwortete mit weinerlicher Stimme: »Eigentlich ist es nur ein großer Wunsch. Vor zwei Wochen ist mein Vater gestorben. Meine Mutter, meine Tante und mein Onkel sind in der Pagode, um für meinen Vater zu beten und bei den Mönchen Rat zu suchen. Ich habe mich auf die Suche nach einem dieser Zauberwesen gemacht, um es zu bitten, meinen Vater wieder zu uns zurückzubringen. Er fehlt uns so sehr. Aber vielleicht könnten Sie es ja trotzdem versuchen.«

Die Worte und die Trauer des Jungen rührten Fräulein Li. Sie streichelte sanft seinen Kopf und sagte: »Nein, lieber Junge, das kann ich gewiss nicht, und vermutlich gibt es niemand auf dieser Erde, der dies kann, und selbst wenn er es könnte, würde er es vermutlich nicht wagen. Es wäre nicht weise, so in die ursprünglichen, harmonischen Gesetze, in denen die Welt erscheint und vergeht, einzugreifen. Aber komm, wir wollen gemeinsam für deinen Vater beten.« Sie legte ihm Blüten auf den Kopf, auf Schultern und Hände und sagte: »Jetzt sind wir wie zwei Zauberwesen aus einer anderen Welt. Unsere Gebete werden deinen Vater sicher erreichen und glücklich machen. Habe Vertrauen, denn wer kein Vertrauen hat, findet nie ins Vertrauen.«

So saßen sie da und beteten unter dem Blütenbaum. Nach einer Weile stand Fräulein Li auf, nahm die Hand des Jungen und sagte: »Jetzt gehen wir gemeinsam zur Pagode zurück, deine Mutter und die ganze Familie machen sich bestimmt Sorgen, wenn sie dich suchen und nirgends finden.« Unterwegs bedankte sich der Junge mehrmals und erklärte begeistert, dass er dieses schöne Erlebnis unter dem Blütenbaum nie mehr vergessen werde. Als sie zum Platz gelangten, rief er: »Da, das da drüben ist meine Mutter.« Er zeigte auf eine Frau, die sich inmitten der vielen Menschen mit Hung unterhielt. Der Junge verabschiedete sich aufgeregt und rannte zu seiner Mutter, die ihn gleich mit einem Klaps auf sein kleines Hinterteil empfing, begleitet von mahnenden Worten. Offensichtlich hatte man ihn schon gesucht.

Am späten Nachmittag hatten die meisten Menschen die Pagode verlassen, und Fräulein Li hielt sich im Gästezimmer auf, als jemand an die Tür klopfte. Es war Daizin, er brachte ihr etwas zu essen. Sie bedankte sich und meinte mitfühlend: »Das war ein anstrengender Tag für Sie und Hung.«

»Ach«, antwortete er, »morgen kommen

noch mehr Menschen. Es ist unsere Pflicht, sie zu empfangen, sie zu betreuen und zu beraten, soweit uns das möglich ist. Wir tun es gerne, und es ist wirklich keine Last für uns. Bevor ich es vergesse, Deng lässt ausrichten, dass Sie ihn morgen in seinem Haus besuchen dürfen, wenn Sie dies möchten. Er verlässt sein Haus nie, wenn so viele Menschen hier sind. Er sagt, er sei zu alt dafür und wisse nicht, was er ihnen zu sagen habe. Die Menschen wüssten, wo sie hingehen und hingehören, er aber sei ein alter Wanderer ohne Ziel und Heimat, und das sei seine Freiheit. Fräulein Li, gehen Sie gleich morgen früh, bevor die vielen Menschen hier sind. Bringen Sie ihm sein Frühstück, das wird ihn freuen. Ich werde Hung sagen, dass Sie das Frühstück bringen. Ich ziehe mich jetzt zurück, ich möchte noch in der Halle einige Sutren rezitieren. Wissen Sie, dieser wunderbare Jade-Buddha ist weit herum bekannt. Der Glaube der Menschen, die hierherkommen, ist stark, ihre Demut tief. Schlafen Sie gut, Fräulein Li, es ist für uns eine Ehre, dass Sie hier sind.«

Die Nacht hatte längst ihr dunkles Kleid über das Land gelegt, Fräulein Li lag wach auf dem Bett und dachte an den Jade-Buddha und ihre baldige Rückreise in die Einsiedelei.

Da sie nicht müde war, stand sie auf, überquerte leise den Platz und betrat die Pagode. Zwei kleine Öllampen, die Tag und Nacht brannten, beleuchteten mit ihrem feinen, flackernden Licht den Jade-Buddha, der Rest der Halle war in Dunkelheit gehüllt. Sie saß da, außen war es still und innen war es still, in der Halle herrschte eine besondere Atmosphäre. Aus unfassbaren Tiefen tauchten unversehens Gedankenworte in ihr Bewusstsein empor. Sie lauschte und beobachtete, wie die Worte die innere Stille durchbrachen und machtvoll ihren Lebensraum füllten. Es waren ihr unbekannte Gedanken: »Im Urgrund allen Seins ruht der Same allen Seins, der Urgrund allen Seins selbst ist seinslos, formlos, unfassbar und unerklärbar. Wie kann Nicht-Beginn, der kein Etwas ist und sich nicht denken lässt, erklärt werden, ohne sich nach außen, ins Sein, zu kehren? Alles Sein beginnt im Heute, doch das Wesentliche ist das Vorweltliche vor allem Sein und dem Heute. Wie ungewiss und unwesentlich ist der vergängliche Körper und die vergängliche Welt! Wie ungewiss und unwesentlich der Ort, der scheinbar hier oder dort existiert, und wie unwesentlich und ungewiss der Glaube, sich hier, dort oder irgendwo aufzuhalten! Für die Erwachenden ist jeder Moment im äußeren

Leben nichts als eine unaufhörliche Rückkehr in den Ursprung.«

Diese Einsichten schwemmten viel Altes in ihr hervor und ließen das Fundament ihrer alten Welt zerbröckeln. Sie spürte die unbeschreibliche Frische der himmlischen Leere, in die nie etwas von der vergänglichen Welt eingedrungen ist. Der Jade-Buddha schien von innen her zu glühen; es war dieses geheime, vorweltliche Glühen, das nun auch Fräulein Li erfüllte. Ihr innerer Raum hatte sich unendlich ausgedehnt, doch auch in fernster Ferne blieb alles in nächster Nähe. Niemals hat sich das Eine ausgedehnt oder zusammengezogen, und doch scheint es, dass diese eine ursprüngliche, untrennbare, geheime Kraft Nicht-Offenbartes offenbart und Nicht-Seiendes als Sein erscheinen lässt.

Es war bereits spät, als sie die Halle verließ und in die Kühle der Nacht trat. Winde kündigten einen Wetterwechsel an. Sie lag auf dem Bett, doch einschlafen konnte sie nicht.

Vertraute Töne weckten sie, Daizin rezitierte Sutren in der Pagode. Sie hatte also doch ein paar Stunden geschlafen, obwohl sie sich dessen überhaupt nicht bewusst war. Sie hatte das Gefühl, die ganze Nacht hindurch wach gewesen zu sein. Noch vor dem Morgengrauen ging sie zum Haus, in dem sich die Küche befand. Hung hatte ihr Tee und etwas zu essen vorbereitet und stellte ihr auch gleich das Essen für Deng hin. Er war in Eile, denn er musste die Sitzkissen für die vielen Gäste in der Halle auslegen. Bald stand sie vor Dengs Tür, klopfte an und trat ein, so wie es ihr Hung erklärt hatte. Er lag wach und entspannt auf dem Bett und sagte: »Fräulein Li, Sie bringen mir das Frühstück, das ist aber eine Überraschung. Stellen Sie den Tee und die Schüssel auf den Tisch und nehmen Sie einen Stuhl. Setzen Sie sich zu mir. Ich frühstücke sonst immer allein, es ist schön, dass Sie mir Gesellschaft leisten.« Er aß langsam und schlürfte genüsslich den Tee. Während er aß, sprach er kein Wort. Fräulein Li genoss es, einfach still dazusitzen und ihm beim Essen zuzusehen.

Erstes Tageslicht drang sanft ins Zimmer und leckte die Dunkelheit aus dem Raum. Draußen wurde es immer lauter, die ersten Gäste waren angekommen. Plötzlich ein leises Flattern, der kleine rote Vogel war auf dem Fenstersims gelandet, so wie er es jeden Morgen tat, wie ihr Deng erklärte. Still schauten sich die beiden an. Was sie verband, war ihr rätselhaft, denn er fütterte den Vogel nicht und sprach auch nicht zu ihm, und trotzdem kam er seit Jahren jeden Morgen bei Tagesanbruch und jeden Abend kurz vor der Dämmerung.

»Sehen Sie, er ist gekommen, um sich von Ihnen zu verabschieden«, meinte Deng.

»Ja«, antwortete Fräulein Li, »bald sind wir auf dem Weg zurück in die Einsiedelei.«

Deng hüstelte und sagte: »Einsiedelei ja, doch bald gehen Sie zurück in die Stadt, wo Sie Ihr Zuhause haben, aber machen Sie sich keine Sorgen, Sie werden in diesem Leben endgültig ins Ursprüngliche zurückkehren.«

Diese unerwarteten Worte bewirkten einen Schock in ihr, denn sie hatte erwartet oder zumindest gehofft, dass Meister Wang ihr irgendwann schonend die Rückreise ankündigen würde. Dass ihr Deng dies an diesem Morgen so nebenbei nach dem Frühstück kundtun würde, traf sie unvorbereitet. Er erkannte den unguten Zustand, die seine Worte bei ihr ausgelöst hatten, und sprach weiter: »Die Welt ist eine gigantische Kraft, fließen Sie harmonisch mit ihr und handeln Sie nicht in ihr. Fließen Sie nie gegen diese gigantische Kraft und legen Sie keine unnötigen Hindernisse mit Gedanken, Emotionen und Handlungen in dieses grenzenlose, stille Fließen. Alles, was staut, schafft Schwierigkeiten, Probleme und

Unordnung. Das Leben lebt sich selbst, Fräulein Li. Je mehr Sie sich zurücknehmen, desto weniger Schwierigkeiten werden Sie erschaffen und erleben. Was für Sie vorgesehen ist, wird sich erfüllen. Kehren Sie sich nicht mehr nach außen, bleiben Sie stets wach auf dem Rückzug, dann haben Sie das gesamte himmlische Potenzial zur Verfügung, auch um Ihre alltäglichen Tätigkeiten und Pflichten gewissenhaft und harmonisch zu erledigen.«

Der Platz vor der Pagode war inzwischen dicht angefüllt mit Besuchern. Viele drängten in die Halle zum Jade-Buddha; sie mussten lange warten, bis sie hinein konnten, denn die Halle war ständig bis auf den letzten Platz besetzt. Der Geräuschpegel der vielen Stimmen auf dem Platz war hoch, doch Fräulein Li vernahm ihn wie aus weiter Ferne, gedämpft durch unsichtbare Watte in ihrem Gehirn. Deng saß unbeteiligt auf dem Bett, nichts schien ihn zu stören, auch der ganze Rummel und Lärm vor seinem Haus nicht. Dann sagte er: »Ich wünsche Ihnen alles Gute auf Ihrem Lebensweg, Fräulein Li, und vertiefen Sie das Wushu, das Ihnen der Meister beigebracht hat.«

Nachdem sie sich von Deng verabschiedet hatte, ging sie am Rande des Platzes an den vielen Menschen vorbei ins Gästehaus. Der Lärm ließ allmählich nach, es wurde wieder stiller. Einige Stunden später hatten die Menschen die Pagode verlassen. Fräulein Li begab sich in die Halle, um Hung beim Einsammeln und Stapeln der Kissen behilflich zu sein, und der freute sich über die unerwartete Hilfe nach dem langen, ermüdenden Tag. Als sie die Arbeit beendet hatten, setzten sie sich noch eine Weile vor den Jade-Buddha. Fräulein Li wusste, sie würde die Pagode, Deng, Daizin, Hung und den Jade-Buddha nie vergessen. Dann stand sie auf, verbeugte sich vor dem Buddha und verabschiedete sich von Hung.

Zurück in der Einsiedelei

Am nächsten Morgen bei Tagesanbruch standen sie und der Meister am Flussufer, Daizin und Hung waren gekommen, um sie zu verabschieden. Der Himmel überzog sich mit schweren dunklen Wolken, das Wetter begann sich zusehends zu verschlechtern. Immer wieder wanderten ihre Blicke flussabwärts, doch von einem Schiff war nichts zu sehen. Daizin erklärte, dass die Frachtschiffe oft Verspätung hätten. Doch dann, endlich, hörten sie das laute Stampfen und Klopfen eines Motors. Ein altes Schiff pflügte sich keuchend gegen die Strömung den Fluss hoch. Das Schiffshorn schrie laut und schrill in die stille Gegend, die Schallwellen hallten im weiten Tal wider. Der Steuermann kündigte ihre Ankunft an. Die Maschinen wurden gedrosselt, bald legte das Schiff an.

Daizin schob ein dickes Brett auf die Schiffsplanken, über das zuerst Hung an Bord ging. Der Kapitän begrüßte sie vom Deck aus und sagte zu Daizin: »Ich habe die zwei Säcke Reis, die ihr bestellt habt, mitgebracht.« Als

Hung mit den Säcken an Land war, bedankte sich Daizin beim Kapitän und erklärte ihm: »Mein Bruder hier und Fräulein Li werden mit Ihnen bis zum Dorf Luang reisen.«

»Na, dann kommen Sie, willkommen an Bord!«, lud der Kapitän sie mit lauter Stimme ein.

Der Meister und Fräulein Li verabschiedeten sich von Daizin und Hung, und zu ihrer Überraschung stand auch Deng da und sagte mit sanfter Stimme zu Fräulein Li: »Ich wünsche Ihnen eine gute Reise und ein langes Leben.«

Kaum an Bord legte das Schiff ab, und der Kapitän begrüßte sie nochmals höflich. Der Meister überreichte ihm das Reisegeld, das gleich in einer seiner Hosentaschen verschwand. Seine alte Hose war mit Maschinenölflecken übersät und eines der Hosenbeine war aufgeschlitzt. Der Blick von Fräulein Li war ihm nicht entgangen, und er suchte nach passenden Worten, um sich für die schmutzigen, zerrissenen Hosen zu entschuldigen.

»Ich heiße Zhong«, rief der Steuermann aus seiner Kabine. Fräulein Li und der Meister winkten ihm freundlich zu. Der Fluss brachte viel Wasser mit sich, oben in den Bergen hatte es offensichtlich stark geregnet. Dunkle Wolken ballten sich zusammen, türmten sich bedrohlich auf und formten seltsame Gebilde. Die Wolkentürme sahen aus wie uralte zerfallene Tempelstädte, in denen Götter und Ahnen wohnen. Lautlos schlichen diese gigantischen Wolkenstädte über den Himmel, sie wurden vom Wind Richtung Norden getragen. Fräulein Li und der Meister sahen diese mächtigen Gebilde förmlich über ihre Köpfe hinweg durch den Himmel schwimmen.

Das Wetter verschlechterte sich. Der Kapitän forderte Fräulein Li und den Meister auf, sich unverzüglich in die Kabine des Steuermanns zu begeben. Dann fuhren sie in die Schlucht, dichte Wolken hüllten die Bergspitzen ein. Nebelschwaden krochen träge zwischen schroffen Felsen hervor und legten sich über die karge Flusslandschaft. Einige knorrige Bäume und Sträucher hatten sich an den Ufern des Flusses festgekrallt. Der Kapitän und der Steuermann kannten glücklicherweise die Tücken des wilden Gewässers, denn das Manövrieren des Schiffes durch diese enge und tiefe Schlucht war alles andere als einfach. Ein Gewitter hing in der Luft, in der Schlucht wurde es bedrohlich dunkel. Blitze erhellten für Momente die Dunkelheit und schlugen dann, gefolgt von grollendem Donner, in der Schlucht ein. Die Explosionen waren erschreckend laut und hallten zwischen den steilen Felswänden wider. Dann regnete es in Strömen, der Fluss schwoll innerhalb kürzester Zeit mächtig an. Die Sicht wurde immer schlechter, doch der Steuermann fuhr, davon nicht beeindruckt, konzentriert weiter. Die prekären Wetterbedingungen schafften es nicht, ihn aus der Ruhe zu bringen. Längst war auch der Kapitän ins Häuschen des Steuermanns getreten, gesprochen wurde kein Wort. Alle waren sie erleichtert, als das Schiff unbeschadet aus der gefährlichen Schlucht fuhr.

Vorbei an kleinen Dörfern erreichten sie am frühen Abend Luang und übernachteten wieder im selben Gästehaus. Am nächsten Morgen in aller Früh machten sie sich auf den Weg, durchquerten Reisfelder und stiegen den steilen Berg hoch. Der Rückweg schien Fräulein Li kürzer und einfacher, und sie kamen auch bedeutend schneller voran. Der Himmel war leicht bewölkt, die Temperatur angenehm, ideales Wetter für den anstrengenden Aufstieg. Doch je näher sie der Einsiedelei kamen, desto stärker beschäftigte sie Dengs Verheißung: »Sie werden bald nach Hause zurückkehren.«

Gegen Abend waren sie zurück in der Einsiedelei. Der Meister feuerte gleich den Ofen ein und wartete geduldig, bis das Feuer loderte und sich eine angenehme Wärme im Raum verbreitete. Dann kochte er Wasser für den Tee, er war sehr still und nachdenklich an diesem Abend. Als sie draußen vor dem Haus unter dem Sternenhimmel den Tee tranken, sammelte die junge Frau ihre ganze Energie und sagte: »Meister, ich spüre, dass für mich die Zeit gekommen ist, nach Hause zurückzukehren. Doch mir fehlen schlichtweg die Worte, um mich bei Ihnen zu bedanken für alles, was Sie mir eröffnet und ermöglicht haben. Vermutlich werde ich erst, wenn ich zu Hause bin, richtig realisieren, welch unermessliches Geschenk mir durch Sie zuteil geworden ist. Gewiss wird es in meinem Leben keinen Tag geben, an dem ich nicht an Sie denke. Der Abschied fällt mir schwer.«

Aus Anstand und Respekt hatte sie ihm den Abschied von sich aus mitgeteilt, damit es nicht am Meister lag, dies zu tun. Sein sanfter und anerkennender Blick sprach mehr als tausend Worte. Er wusste genau, wie schwer es ihr gefallen war, diese Worte auszusprechen, und dass sie es aus Respekt ihm gegenüber getan hatte. Mit warmer Stimme bestätigte er:

»Ja, Fräulein Li, es ist ein weiser Entscheid, und es ist die richtige Zeit für Sie, nach Hause zurückzukehren. Auch ich werde Sie bestimmt nicht vergessen.«

Zwei Tage später wanderte sie mit einem Empfehlungsschreiben des Meisters in der Tasche durch den Wald in das kleine Dorf zum Haus von Frau Shu und ihrem Mann. Dort traf sie den Postboten, mit dem sie in eine kleine Stadt weiterreiste, wo sie einen Zug bestieg und nach Hause fuhr. Was aus Fräulein Li geworden ist, weiß man nicht. Deng hat ein paar Jahre später die Welt für immer verlassen, und von Meister Wang hieß es, er habe sich ins weite Gebirge zurückgezogen, aber so genau weiß man das nicht. Vielleicht weilt er ja immer noch unter uns.

Ein Leben im Verborgenen

Die lebenslange ununterbrochene Kontinuität von Wachen und Schlafen schenkt dem menschlichen Bewusstsein ein tiefes Empfinden, von einer überpersönlichen, Jahrtausende überdauernden Macht getragen zu sein, einer Macht, die das Leben leitet und bestimmt. Wer dem Leben vertraut, ist unbekümmert und fließt frei mit der himmlischen, ursprünglichen Kraft.

Form und Inhalt berühren den Unbekümmerten nicht, deshalb lebt er gelassen im großen Gleichgewicht. Er ist offen und weitherzig, doch seine Weitherzigkeit fördert das Außen nicht. Der Unbekümmerte trachtet nicht nach Nützlichem und nach Verwendungen im Außen, deshalb weicht er nicht ab und verliert nicht die Fähigkeit zu fließen.

Unwissenheit treibt den Unwissenden nach außen. Er taucht hinab in die Zerfaserung, in die Verdunkelung der eigenen Gedanken- und Gefühlswelt, die er als wirklich und wahrhaft existierend empfindet und erfährt.

Wenn der Mensch erwacht, erlebt er ein

Emporwachsen aus den unbewussten Kräften und wird hellwach. Altes bricht auf, und dieses Aufbrechen bewirkt ein vollständiges Verdampfen der unbewussten Kräfte, aus denen Leben und Tod hervorgehen. Es geschieht eine Umstellung des gesamten menschlichen Daseinsfeldes; ein frisches Gewahrsein, in dem keine Gegensätze existieren, erblüht. In diesem Gewahrsein wird klar, dass das Alte nie das Neue werden konnte und dass eine Entwurzelung des Alten, so wie man sich das vielleicht vorstellt, nie stattgefunden hat. Das Alte war nie mehr als ein illusorischer Überbau. Das Tragische ist, dass der nach außen gekehrte Mensch an diesem unwirklichen Überbau anhaftet und sich daran festkrallt, dass er die flüchtigen Gebilde mit aller Kraft hegt und pflegt und sie vehement verteidigt.

Meister Wang erklärte, dass sich nur Unwirkliches erlösen lasse, da Wirklichkeit unwandelbar und frei von Gegensätzen sei und dass sich nur Unwirkliches erklären und analysieren lasse, Wirklichkeit dagegen nie. Er sagte, den Schoß aller Dinge zu durchschauen und der Leere hinter der Leere gewahr zu sein, führe ins geheime Leben, und dass, wohin der Weise auch gehe, er nie jemanden antreffe.

Dinge erscheinen und vergehen, der Tod und das Leben haben ihre eigene Bestimmung – das ist des Himmels Gleichgewicht und Gerechtigkeit. Die Dinge sind so, wie sie sind, auch wenn es einem Mühe macht, dies zu erkennen oder zu akzeptieren.

Selbstbegrenzung ist ein Nicht-Erkennen des unergründlichen, vollendeten Daseins. Ein-sicht benötigt kein spezielles Wissen, denn alles Gewusste beschränkt sich ausschließlich auf den Wissenden, der wie ein verlorenes Kind im Wald herumirrt. Der Zielwille des Wissenden bleibt im Raum dessen, was er weiß, begrenzt und eingesperrt.

Diese unweise Kraft rennt Befriedigungen nach, die nie wirklich zufriedengestellt werden können. Gedanken der Gier erschaffen ihr eigenes Elend und versklaven sich selbst, ohne dass wir dessen überhaupt gewahr sind.

Wo etwas entsteht und vergeht, muss etwas sein, das dieses Geschehen trägt, ohne sich mit dem Geschehen zu vermischen oder einzumischen. Genau DAS, was sich nicht einmischt und vermischt, ist unser wahres ursprüngliches Sein, das Tao.

Im Moment, in dem der Mensch am Morgen in seinem Bett erwacht, eröffnet sich ihm sein körperliches Leben, und er beschäftigt sich unmittelbar mit seinen Gedanken, Gefühlen und Handlungen. Er kehrt sich, ohne sich dessen bewusst zu sein, nach außen und taucht völlig ein in das, was er seinen Alltag nennt.

Das Vergangene und das Zukünftige verstehen zu wollen, kommt im frischen Gewahrsein nicht mehr vor, denn die Vorstellung von einem Gestern, einem Heute und einem Morgen ist im zeitlosen Sein inexistent.

Die Mitte des Seins ist die Wesensmitte des Menschen, er ist die Mitte, das ewige Tao. Das Einzelwesen weiß vom Tao, das Tao jedoch weiß nichts von einem Einzelwesen. Dies zu realisieren macht für den Sinn, der noch im Konzept des Einzelwesens gefangen ist.

Fügt euch ein in die Harmonie des Nicht-Wirkens, des Nicht-Seins und des Nicht-Wollens! Seid unbekümmert, das Leben lebt sich selbst!

Rückkehr ins Nicht-Sein

Viel Glück beim Aufwachen wünscht euch euer Meister M, der Ungeformte, Ungewordene, Ungeborene und Körperlose – der als geborener, geformter, gewordener, vergänglicher Mario Mantese in eurem Bewusstsein erscheint.

Ach, wie herrlich, in der Einheit existiert keine Zweiheit!

Kontaktadressen und Informationen für
Zusammenkünfte und Darshans mit Meister M

Deutschland
Herbert und Eva Werner
E-Mail: organisation.mantese@gmx.de

Deutschsprachige Schweiz
Renate Schmidlin
E-Mail: organisation.mantese@gmx.ch

Französischsprachige Schweiz
Franco della Corte und Yolande Favre
E-Mail: organisation.mantese@bluewin.ch

Für weitere Informationen besuchen Sie bitte die
Homepage von Meister M
www.mariomantese.com

Meister M trifft niemanden privat
und ist auch telefonisch nicht erreichbar.
Er empfängt die Menschen ausschließlich an
angekündigten Darshans und Zusammenkünften.

Ein Weg aus den Sorgen

Geschenke für die Seele,
gebunden, 179 Seiten,
€ 19.–

Flugstunden für Engel

Lyrisch-satirische Farbtupfer,
mit Illustrationen von
Hansjörg Weyermann,
gebunden. 93 Seiten, € 14.–

Weitere Bücher von Mario Mantese
bei Edition Spuren

Im Land der Stille
gebunden,
253 Seiten,
€ 19.–

Im Herzen der Welt

Autobiografie von
Meister M
Neuausgabe mit zahl-
reichen Farbbildern,
gebunden,
316 Seiten, € 23.–